U1008333

当代英语教学与跨文化传播

李晓丽◎著

吉林出版集团股份有限公司

图书在版编目（CIP）数据

当代英语教学与跨文化传播 / 李晓丽著 . --
长春：吉林出版集团股份有限公司，2022.10

ISBN 978-7-5731-2721-1

Ⅰ . ①当… Ⅱ . ①李… Ⅲ . 英语—教学研究—高等学校
Ⅳ . ① H319.3

中国版本图书馆 CIP 数据核字 (2022) 第 200647 号

当代英语教学与跨文化传播

DANGDAI YINGYU JIAOXUE YU KUA WENHUA CHUANBO

著　　者　李晓丽

出 版 人　吴　强

责任编辑　刘东禹

装帧设计　何润泽

开　　本　710mm × 1000mm 1/16

印　　张　5

字　　数　80 千字

版　　次　2022 年 10 月第 1 版

印　　次　2023 年 8 月第 1 次印刷

出　　版　吉林出版集团股份有限公司

发　　行　吉林音像出版社有限责任公司

（吉林省长春市南关区福祉大路 5788 号）

电　　话　0431-81629667

印　　刷　吉林省信诚印刷有限公司

ISBN 978-7-5731-2721-1　　**定　　价**　48.00 元

如发现印装质量问题，影响阅读，请与出版社联系调换。

前 言

文化是指历史、地理、风俗习惯、生活方式、文学艺术、行为规范、价值观等。在教学中，学生可以通过扩大对外国文化的了解，提高对中外文化异同的敏感性和识别能力，从而提高跨文化交际能力。

文化与语言是一种复杂的社会现象，它渗透到社会生活的各个方面。语言是文化的组成部分，是文化的载体。语言与文化的作用和影响是相互的、辩证的。一方面，语言是文化的基石，没有语言就没有文化；另一方面，语言受文化的影响。

文化存在两个层面，即显性文化和隐性文化。大多数文化都是隐性的，而"隐性文化是动态的，它总是在变化，旧的隐性文化被揭示出来，新的隐性文化等待着人们去探索"。英语语言的语音、词汇、语法等有形的东西只是构成语言的物质外壳，而在物质外壳的背后是非常丰富的英语国家民族文化的背景知识。在英语教学过程中，既要帮助学生理解英语语言的字面意义，又不能忽视其社会文化意义，力求在字面和文化内涵上忠实于英语语言，使学生更深刻地了解英语和汉语两种文化的共性和个性，从而完成一种文化对另一种文化的影响。

文化是一个复杂的概念。思想、意识、观念都是文化的反映。英语语言中的各种文化因素，如文学、历史、地理、政治、经济、社会习俗、文化景观等，都会间接影响英语语义学。因此，跨文化教育在英语教学中非常重要。要掌握他国语言，就必须掌握他国文化。只有克服目的语国家的文化当代英语教学与跨文化传播障碍，才能达到交际的得体，提高语言运用能力。

不同民族、不同国家的人们交流越来越频繁，跨文化交流已成为现代社会的一个特征。随着现代通信技术的高度发展，各种文化正以一种前所未有的方式向我们走来。随着多媒体计算机和网络的快速发展和普及，英语的读写、英语的翻译和交流方式、英语的学习和教学正经历着历史性的变化，这种变化将使教育模式从印刷时代向信息时代转变，创造一系列新的教学形式，开辟新的网络跨文化教育时空。这就要求教师将语言教学与文化教学有机结合，运用现代交际理论指导英语教学，充分利用互联网，从跨文化交际的角度，运用现代教学方法培养学生的语言运用能力。英语教学将从传统意义上的单纯传授语言知识扩展到跨文化交际，其教学目的将转变为培养学生跨文化交际能力、实现跨文化交际、满足跨文化交际的需要。对于外语学习者来说，学习语言就是学习文化。学习外语的过程也是了解和掌握目标国文化背景知识的过程。

本书根据跨文化传播的新形势，从跨文化传播的角度着重研讨了英语教学与实践应用中存在的问题，提出了培养学生跨文化交流能力的重要性，并论述了当代英语教学与跨文化传播的关系，指出提高英语教学的效率和质量的关键在于紧跟形势，把握网络信息社会文化传播的特点，运用现代化教学手段，大幅度提高学生的外语应用能力，以正确实现跨文化交流。

目 录

第一章 语言与文化

第一节 语言概述

语言是以语音为物质载体，由词汇和语法构成并能表达人类思想的符号系统，是生物同类之间由于沟通需要而制定的具有统一编码解码标准的声音信号。语言是人类最重要的交际工具，是人们进行沟通交流的各种表达符号。人们借助语言保存和传递人类文明的成果。

语言是人们交流思想的媒介，它必然会对政治、经济和社会、科技乃至文化产生影响。语言这种文化现象是不断发展的，其现今的空间分布也是过去发展的结果。根据其语音、语法和词汇等方面特征的共同之处与起源关系，把世界上的语言分成若干语系，每个语系包括数量不等的语种，这些语系与语种在地域上都有一定的分布区，很多文化特征都与此有密切的关系。

一、语言的表达方式

语言，就广义而言，是一套共同采用的沟通符号、表达方式与处理规则符号，会以视觉、声音或者触觉等方式来传递。严格来说，语言是指人类沟通所使用的语言——自然语言。语言是交流观念、意见、思想的媒介。语言学就是从人类研究语言分类与规则而发展出来的。研究语言的专家被称为语言学家。当人类发现了某些动物能够以某种方式沟通，就诞生了动物语言的概念。电脑的诞生，人类需要给予电脑指令，这种“单向沟通”成了电脑语言。

二、语言的重要性及性质

人们的交往离不开语言。尽管通过文字、图片、动作、表情等可以传递人们的思想，但是语言是其中最重要的，也是最方便的媒介。然而，世界各地的人们所用的语言各不相同，彼此间直接交谈是困难的，甚至是不可能的。即使是同一种语言，还有不同的方言，其差别程度也不相同。有的方言可以基本上相互理解，有的则差别极大。不仅在不同的地区，有不同的语言和方言，就是在同一地区、不同的社会阶层、不同年龄的人之间都会有特殊的词汇来表达其独特的感情，使另一阶层或不同年龄的人难以理解。在一种语言环境中掌握某种语言后，虽然也可以学会另一种或几种其他语言或方言，可是原语言或方言的口音很难完全改变。熟悉语言的人往往就能从这些细微的差别中区分出说话人的家乡所在地及其身份和职业特征。

语言是文化的一个重要组成部分。语言是保持生活方式的一个重要手段，几乎每个文化集团都有自己独特的语言。语言是在特定的环境中，为了生活的需要而产生的，所以各种语言所在的环境必然会在语言上打上烙印。另外，语言是人们交流思想的媒介，它必然会对政治、经济、社会、科技乃至文化本身产生影响。语言这种文化现象是不断发展的，其现今的空间分布也是过去扩散、变化和发展的结果，所以，只有在时空的环境里才能全面地、深入地了解语言与自然环境及人文环境的关系。

随着全球化和信息化浪潮的到来，越来越多来自不同国家的人们使用同一种语言——英语来相互交流和传播思想。教育活动的本质，即传播活动，英语教学也就是跨文化传播。在英语教学越来越重要、网络文化传播速度和广度越来越加深的情况下，把英语教学、跨文化传播和网络综合起来研究，对于语言学习来说就十分必要。

英语教学内容应包括传授语言知识、训练语言技能、发展语言交际能力等，其目标是培养学生运用英语进行跨文化传播的实际能力。

三、语言的特征

（一）符号性和系统性

语言是社会约定俗成的表达观念的符号，符号的本质是社会的。语言是一种社会契约，一个社会接受一种表达手段而排斥另一种表达手段，其实是社会上的集体意识的习惯。语言符号是一种包含着两面性的实体。一方面，语言是表示事物的名称的，所以任何语言都是概念的映象，即具有“所指性”；另一方面，语言要依托声音这种媒介来表达所指。所以，说语言也是声音的映象，语言具有“能指性”。

（二）任意性和线条性

所谓的“任意性”，是指语言符号和文字“能指”和“所指”之间是一种任意的连接关系。

所谓的“线条性”，是指语言的“能指”是依托声音来完成的，只能在一维的声音的空间里传播，而不能突破声音的范围和能力。所以在分析语言的时候，语言使用能在横向上依照词语出现的先后顺序来完成，这也造就了语言使用和表达的局限，但是，语言的声音性决定了语言的线性是不可消除的必然结果。

（三）不变性和可变性

语言是一个处在不断运动变化发展之中的体系，这个体系中的各个要素既有一定的稳定性，也有一定的变动性。稳定性是语言系统已存在的前提，也是语言自身被大规模研习使用的必备条件。而变动性不仅是作为一个系统语言内部的不断衍生、发展的规律所致，而且是语言的传承性的表现。任何事物都是不断运动变化发展的，新事物不断产生，旧事物不断消亡。语言也是这样，语言系统的变化虽然不是很明显，速度并不是很快，但是受到使用的推动以及社会、文化等很多因素的影响，语言本身在不断向着经济、简练、实用，包容力、表现力强的趋势发展。

语言内部的各个组成部分都有着不同方式、不同形态的变化，而且变化的多少快慢也是不一样的。但是在以往的研究中，人们逐渐掌握了越来越多的规律来解释、预测语言的变化。这不但体现了人们对于语言学的关注、探索，同时也昭示了语言学的变化性还是有据可依、有律可循的。

（四）传承性和交际性

语言从某种意义上来看，是人类文化得以传承和储存的有效载体。因此，它在自身的发展当中，逐渐体现出很强的传承性和交际性。

所谓“传承性”，是指语言以自己的风格特色吸引或者促使人们在生活生产中通过语言这个工具直接或者间接地影响着相关人群，或者波及其他更广泛的区域，达到传承的效果。另外，语言在人类社会发展当中，不仅在人与人之间、古代人与现代人之间、中国人与外国人之间储存了文明的精华信息，担当文明发展的桥梁，而且也由于语言本身的强大交际性功能，使其在丰富的交际中应对各种变化，产生更加有表达力的语言，产生更多的基于生活生产的实际意义。

四、语言的用途

语言的功能主要分为社会功能和思维功能两方面，其中社会功能包括信息传递功能和人际互动功能。语言是思维工具和交际工具，它同思维有密切的联系，是思维的载体、物质载体以及表现形式。语言是符号系统，是以语音为物质载体、以语义为意义内容的音义结合的词汇建筑材料和语法组织规律的体系。语言是一种社会现象，是人类最重要的交际工具，是进行思维和传递信息的工具，是人类保存认识成果的载体，具有稳固性和民族性。

语言是人类的创造，只有人类有真正的语言。许多动物也能够发出声音来表示自己的感情或者在群体中传递信息，但那都只是一些固定的程式，不能随机变化。只有人类才会把无意义的语音按照各种方式组合起来，成为有意义的语素，再把为数众多的语素按照各种方式组合成话语，用无穷变化的形式来表示变化无穷的意义。

学习语言最终是为了交流的需要。随着交通工具与通信手段的飞速发展，不同民族、不同国家的人们接触和交往也更加频繁。进入 20 世纪 90 年代，网络的兴起更把全世界的人们联系到一起。可以说，人们大规模、大范围的流动和交往已经使跨文化交流成为了这个时代的突出特征，研究跨文化传播对促进世界多元化的交流具有重要意义。应当从教学观念、教学内容与课程体系、教学方法、教学手段几个方面着手，运用现代化教学理念和设备，采用相应对策，全面提高外语教学的效率和质量，大幅度地提高学生的外语应用能力。

为了实现培养目标，需要我们把语言看作是与文化、社会密不可分的一个整体，把英语教学与跨文化传播紧密结合起来。教育的宗旨就是有目的、有计划地向学生传授知识，以达到教书育人的目的。网络教育传播是现代教育技术发展的战略之一，怎样在网络环境下利用现代教育技术进行英语教学是我们面临的新课题。如此，从文化传播的角度来认识英语语言教学为我们提供了一种新的思路。

第二节 跨文化传播

语言是社会成员约定俗成的交往工具。掌握外语，包括掌握语言和文化两方面。由于各民族的发展有着自身的特点，因而产生了根深蒂固的具有民族特色的文化。外语教学的最终目的是使学习者掌握目的语，并用之进行交流。成功的交流除了依靠良好的语言结构、知识外，还依靠有关的文化知识。也就是说，学习外语的同时必须学习与目的语有关的文化。随着交际理论的研究及其在英语教学中的应用，越来越多的教师认识到文化在语言学习中的重要作用。

一、文化的概念

“文”的本义，指各色交错的纹理。《礼记·乐记》称：“五色成文而不乱。”《说文解字》称：“文，错画也，象交文”均指此义。在此基础上，“文”又有若干引申义。其一，为包括语言文字内的各种象征符号，进而具体化为文物典籍、礼乐制度。《尚书·子罕》所载孔子“文王既没，文不在兹乎”，是其实例。其二，由伦理之说导出彩画、装饰、人为修养之义，与“质”“实”对称，所以《尚书·舜典》疏曰“经纬天地曰文”，《论语·雍也》称“质胜文则野，文胜质则史。文质彬彬。然后君子”。其三，在前两层意义之上，更导出美、善、德行之义，这便是《礼记·乐记》所谓“礼减而进，以进为文”，郑玄注“文犹美也，善也”，《尚书·大禹谟》所谓“文命敷于四海，祗承于帝”。

“化”，本义为改易、生成、造化，如《庄子·逍遥游》：“化而为鸟，其名曰鹏”。“化”指事物形态或性质的改变，同时“化”又引申为教行迁善之义。

“文”与“化”并联使用。“文”，即从纹理之义演化而来。日月往来交错文饰于天，即“天文”，亦即天道自然规律。同样，“人文”，指人伦社会规律，即社会生活中人与人之间纵横交织的关系，如君臣、父子、夫妇、兄弟、朋友，构成复杂网络，具有纹理表象。治国者须观察天文，以明了时序之变化，又须观察人文，使天下之人均能遵从文明礼仪，行为止其所当止。

西汉以后，“文”与“化”方合成一个整词，如“圣人之治天下也，先文德而后武力。凡武之兴为不服也。文化不改，然后加诛”（《说苑·指武》），“文化内辑，武功外悠”（《文选·补之涛》）。这里的“文化”，或与天造地设的自然对举，或与无教化的“质朴”“野蛮”对举。因此，在汉语系统中，“文化”的本义就是“以文教化”，它表示对人的性情的陶冶、品德的教养，本属精神领域之范畴。随着时间的流变和空间的差异，“文化”已成为一个内涵丰富、外延宽广的多维概念，所使用的范围也很广，成为众多学科探究、阐发、争鸣的对象。不少哲学家、社会学家、人类学家、历史学家和语言学家一直试图从各自学科的角度来界定文化的概念。

然而，迄今为止仍没有获得一个公认的、令人满意的定义“文化”

的定义。据国外有关学者统计，目前有关“文化”的各种不同的定义至少有一百多种，可见人们对于“文化”一词的理解存在着差异。例如，“所谓文化和文明乃是包括知识、信仰、艺术、道德、法律、风俗习惯以及包括作为社会成员的个人而获得的其他任何能力、习惯在内的一种综合体”。对这个定义，我国学者进行了更进一步的解释：文化是人们通过长时间的努力所创造出来的，是社会的遗产。文化既包括信念、价值观念、风俗习惯、知识等，也包括实物和器具；文化是人们行动的指南，为人们提供解决问题的答案；文化并非生而知之，而是后天所学会的。

笼统地说，文化是一种社会现象，是人们长期创造形成的产物。同时又是一种历史现象，是社会历史的积淀物。确切地说，文化是指一个国家或民族的历史、地理、风土人情、传统习俗、生活方式、文学艺术、行为规范、思维方式、价值观念等。这些定义有的宽泛有的狭窄，但大体上趋向两种，一方面指人类物质和精神财富的综合；另一方面，指文学、艺术、科学等。人们一般将“文化”的概念分为广义和狭义两类。

二、文化的本质与分类

（一）文化的本质

对一种文化，要从思想、行为、表象三个层面切入，抓住真、善、美三个主题内容，从选择排序、表现方式、区别特征三个方面来进行认识。它的本质指意识形态所创造的精神财富，包括风俗习惯、道德情操、学术思想、文学艺术、科学技术、各种制度等。

（二）文化的分类

由于文化具有多样性和复杂性的特征，因而对文化的结构解剖也多种多样，有两分说，即分为物质文化和精神文化；有三层次说，即物质、制度、精神；有四层次说，即物质、制度、风俗习惯、思想与价值；有六大子系统说，即物质、社会关系、精神、艺术、语言符号、风俗习惯。

国外学者就根据文化的结构和范畴把文化分为广义文化和狭义文化两种。广义地说，文化指的是人类在社会历史发展过程中所创造的物质和精神财富的总和。它包括物质文化、制度文化和心理文化三个方面。物质文化是指人类创造的种种物质文明，包括交通工具、服饰、日常用品等，是一种可见的显性文化。制度文化和心理文化分别指生活制度、家庭制度、社会制度以及思维方式、审美情趣，它们属于隐性文化，包括文学、哲学、政治等方面内容。狭义的文化是指人们普遍的社会习惯，如衣食住行、风俗习惯、生活方式、行为规范等。

还有学者把文化分为信息文化、行为文化和成就文化。信息文化指一般受教育本族语者所掌握的关于社会、地理、历史等知识。行为文化是指人的生活方式、实际行为、态度、价值等，它是成功交际最重要的因素。成就文化是指艺术和文学成就，它是传统的文化概念。

除此之外，有的学者认为文化有两种，一种是“生产文化”，一种是“精神文化”。科技文化是生产文化，生活思想文化是精神文化。有些人类学家将文化分为三个层次：高级文化，包括哲学、文学、艺术等；大众文化，指风俗习惯、仪式，以及衣食住行、人际关系各方面的生活方式；深层文化，主要指价值观的定义、时间取向、生活节奏、解决问题的方式以及与性别、阶层、职业、亲属关系、相关的个人角色。高级文化和大众文化均植根于深层文化，而深层文化的某一概念又以一种风俗习惯或生活方式反映在大众文化中，以一种艺术形式或文学主题反映在高级文化中。

还有学者认为，文化的内部结构包括下列几个层次：物态文化、制度文化、行为文化、心态文化。物态文化层由物化的知识力量构成，是人类的物质生产活动方式和产品的总和，是可触知的、具有物质实体的文化事物；制度文化层是人类在社会实践中组建的各种社会行为规范，包括社会经济制度、婚姻制度、家族制度、政治法律制度等；行为文化层是人际交往中约定俗成的以礼俗、民俗、风俗等形态表现出来的行为模式，见之于日常起居动作，具有鲜明的民族、地域特色；心态文化层是由人类社会实践和社会意识活动中经过长期孕育而形成的价值观念、审美情趣、思维方式等主观因素，相当于通常所说的精神文化、社会意识等概念，是文化的核心部分，心态文化层还可细分为社会心理和社会意识形态两个层次。

因为文化具有的多样性和复杂性，因而很难将文化给出一个准确的、清晰的分类标准。因此，这些对文化的划分，还都只是从某一个角度来分析的，是一种尝试。

三、文化的作用

人类由于共同生活的需要才创造出文化，文化在它所涵盖的范围内和不同的层面发挥着不同的功能和作用。

（一）整合

文化的整合功能是指它对于协调群体成员的行动所发挥的作用。社会群体中不同的成员都是独特的行动者，人们基于自己的需要、根据对情景的判断和理解采取行动。文化是人们之间沟通的中介，如果人们能够共享文化，那么人们就能够有效地沟通，消除隔阂、促成合作。

（二）导向

文化的导向功能是指文化可以为人们的行动提供方向和可供选择的方式。通过共享文化，行动者可以知道自己的何种行为在对方看来是适宜的、可以引起积极回应的，并倾向于选择有效的行动，这就是文化对行为的导向作用。

（三）维持秩序

文化是人们以往共同生活经验的积累，是人们通过比较和选择认为是合理并被普遍接受的东西。某种文化的形成和确立，意味着某种价值观和行为规范的被认可和被遵从，也意味着某种秩序的形成。而且只要这种文化在起作用，那么由这种文化所确立的社会秩序就会被维持下去，这就是文化维持社会秩序的功能。

（四）传播功能

传播是指社会信息的传递或社会信息系统的运行，信息是传播的内容。传播的根本目的是传递信息，是人与人之间、人与社会之间通过有意义的符号进行信息传递、信息接受或信息反馈活动的总称。关于传播的定义有很多种，它们有着各自的侧重点。例如，强调传播是信息的共享；强调传播是有意图地施加影响；强调传播是信息交流的互动过程；强调传播是社会信息系统的运行；强调传播是社会关系的体现。

人类传播分成语言符号传播和非语言符号传播两大类。语言之外的身体动作、面部表情等也是传播符号。传播是一切社会交往的实质。在整个人类历史中，人类一直在改进对于周围事物的信息的接受能力和吸收能力，同时又设法提高自身传播信息的能力、速度、清晰度和便利性，不断更新信息传播的技术和方法论的思考，使传播成为社会发展的生产性要素。

四、文化适应

（一）文化适应的含义

文化适应是跨文化交际领域中一个探讨较多的概念，学者们从各自的研究角度出发，给出了各自的定义。“对一种新文化的适应过程”，是对“新文化的思想、感情系统及其交际系统的理解过程”，是“学习者与目的语社团的社会和心理结合”。文化适应是第二语言习得理论中的重要概念，这是因为“第二语言习得是文化适应的一个方面，学习者对目的语社团文化的适应程度将会制约他的第二语言水平”。

国外学者把第二语言习得过程中的文化适应分为四个阶段：（1）最初接触新文化时的兴奋感和幸福感；（2）文化冲突以及由此产生的对目的语文化的生疏感和抵抗情绪；（3）逐渐舒缓的文化紧张；（4）同化或对新文化的适应。文化冲突和文化紧张是从接触一种新文化到适应这种文化过程中学习者必然经历的心理感受。该学者认为，相对于成年人而言，儿童更早地完成文化适应的各个阶段，这是因为儿童对母语文化的意识程度较低，受母语文化的束缚较小，文化震惊和文化紧张的程度较轻，在社会文化方面的弹性相对较大。还有学者把文化适应按学习者与目的语社团的结合方式分为两类：第一类是学习者把目的语社团作为参照系，希望被它的生活方式和价值观念完全同化而成为目的语社团中一员；第二类是学习者希望与目的语社团进行社会结合，心理上对它的语言开放，但不愿被它的生活方式和价值观念同化。该学者强调，这两种文化适应均能有效地促进第二类语言习得的发展。

（二）文化的进化

文化适应过程，在特定意义上就是文化的特殊进化过程。文化的特殊进化的目的在于使该种文化更加适应其生存环境。特殊进化文化日益专门化地适应于其所处生存环境，“是文化沿其多元线发展的、族系的、分化的、历史的过程以及特定文化适应性变异的过程”，是人类创造力的体现。

前人对生存环境的多样性与特殊进化的导向作用的关系进行了诸多研究，但对其导向作用的机制尚未进行深入说明。在他们的理论中，似乎特殊进化仅仅是被动地接受生存环境的模塑，于是有人把特殊进化理解为对生存环境的单向直接的应付，即有什么样的生存环境，就会有相同的特殊进化结果。于是，得出了“过去我们是被选择的人；现在我们则是选择中的人”的观点。生存环境的导向仅仅起到指示特殊进化的方向、目的与结果的作用，至于具体的文化如何实现这些目的，取得什么样的结果，在协调方法和途径上却各不相同。特殊进化比生存环境的多样性更为复杂，它不是简单地直接应付生存环境，而是有机地综合改造和利用生存环境，并塑造出千姿百态的文化事实。

特殊进化是一种有机地系统化适应生境的发展，要正确认识特殊进化必然包含着多重性的内容，需要把进化的概念同在时间、空间坐标体系中来考察现象的方法论联系在一起。从时间的坐标出发，就可以对文化的历时性进行考察；从空间坐标出发，就可以对文化的共时性进行分析，并考察文化中重复出现的过程。所以，对文化的研究，既要弄清特殊进化的各种可能性内容，又要弄清这些内容之间的各种相互关系，还需要为这些内容和关系建立一套可以量度的指标。

特殊进化使文化有机地、系统性地适应生存环境，表现为文化并不是简单地与生存环境相对应。同一个生存环境下的若干民族，其文化各自按自己的特殊进化路线演化，造成若干文化并存于相似生存环境，然而又各不相同、同时都极其有效的局面。不同的文化面对相似的生存环境，其到达适应的途径可以殊途同归。维护生存环境的自然平衡乃是适应生存环境、稳定栖息环境的重大课题，通过特殊进化发展起来的适应办法，充分体现了各民族的创造力和社会文化干预力的作用。为此我们有理由把文化的特殊进化与纯自然的生物适应区别开来。那种把特殊进化理解为直接应付生存环境的简单化认识，显然无法反映文化特殊进化的实质，也反映不出民族及其创造物——文化的活力和能动性。

（三）制约文化适应的因素

国外学者认为，学习者与目的语社团之间的社会距离是制约文化适应程度和第二语言习得水平的主要原因。这是因为，决定社会距离的各种社会因素可以影响学习者的动机，他们对目的语及其社团的态度，目的语输入的品质和数量，以及总体学习环境的优劣。例如，能带来“优质的”学习环境以及质和量均合乎要求的目的语输入的社会因素应具有以下特征：学习者与目的语互视社会平等，均希望前者被后者同化；两个社团自我封闭性小；学习者社团规模不大且缺乏凝聚性；两个社团的文化冲突不大；两个社团对彼此有好感；学习者社团打算在目的语地区长期居留。若上述各社会变量呈现出相反的特征，如当学习者社团自视社会地位优越或低下时，“劣质的”学习环境便会产生，对文化适应和语言习得构成障碍。

1. 社会距离

社会距离指学习者社团相对于目的语社团而言的地位，或学习者社团被目的语社团容纳并与之接触的程度。社会距离由体现学习者社团与目的语社团关系的一系列社会因素决定，主要包括：（1）社会显性，指在政治、经济、文化、技术等领域，学习者社团与目的语社团的地位是平等的。

（2）结合方式，指学习者社团是被目的语社团同化，但保留自己的生活方式和价值观念，或是二者兼顾，既适应目的语文化，又在自己的生活圈子里沿袭自己的文化方式。

（3）封闭性，指两个社团被各自的学校、医院等社会设施隔离的程度，封闭性有高与低之分。

（4）凝聚性，指学习者社团以圈内交往还是圈际交往为主。前者具有凝聚性；后者则无凝聚力。

（5）学习者社团的规模的大小。

（6）文化和谐性，指两个社团文化是相近还是相异。

（7）社团的态度，指两个社团对彼此所持的态度是肯定的还是否定的。

（8）打算居留时限。指学习者社团在目的语社区居留时间长短。

2. 心理距离

心理距离，指学习者个人对目的语及其社团的总体心理感受，它与个体学习者对学习任务的适应程度有关，属于个人情感变量。心理距离主要由以下几种心理因素决定：

（1）语言冲突，指学习者在使用目的语时所体验的困惑和恐惧。

（2）文化冲突，指学习者在接触一种新文化时所产生的焦虑和失落感。

（3）动机，指学习者学习目的语目的以及为达到该目的而做出的努力。

理论沿用的分类法，把动机分为结合型和工具型两种。抱结合型动机的学习者对目的语社团有特殊兴趣，期望参与或融入该社团的社会生活；而工具型动机的学习者则仅为达到某一具体目的而学习目的语，如通过某一考试、获得某一职位、出国深造等。

（4）自我透性，指学习者的语言自我的塑性和僵化程度。语言自我是指外语学习者在母语习得过程中逐步建立起来并具有保护性能的一种心理屏障。对外语学习的心理抑制作用越强，自我透性越弱，语言信息就越不容易吸收。

国外学者认为，在自然语言环境下习得第二语言时，心理因素的作用不如社会因素明显。心理因素主要是在社会距离难以确定，社会因素对文化适应不构成积极的或消极的影响时才发挥作用。如在外语教育环境下，学习者不能与目的语社团直接接触，反映两个社团关系的社会因素对文化适应的作用变得更加突出。这时，如何帮助学习者克服语言和文化冲突，选择合适的学习动机，跨越语言自我的心理屏障，便成为外语教育工作者需要重要考虑的问题。

第三节 语言与文化

语言及其文字是传播的重要手段，而文化是传播的实质。语言与文化是不可分割的。语言与文化有着十分密切的关系。语言是文化十分重要的组成部分，语言是文化的载体和媒介，是文化的表现形式，同时语言也受到文化的影响和制约，二者是密不可分的。语言是人类在进化过程中创造出来的，属文化的一部分，它同文化一样，都需要人们在后天习得，属于人类的共同财富。语言与文化的关系大致可以从以下四方面来看。

一、语言是文化的一部分

语言是文化的一部分。之所以这样说，是因为语言具有文化的特点。首先，从文化的内涵来看，它包括人类的物质财富和精神财富两个方面。而语言正是人类在其进化的过程中创造出来的精神财富，属于文化的一部分，二者都是为人类社会所特有。其次，正像文化一样，语言也不是生物性的遗传，而是人们后天习得的。人类先天就具备学习语言的机制，动物却没有。最后，文化是全民族共有的财富，语言也是如此，它为全社会所共有。一个社会的语言是该社会文化的一个方面。

二、语言记录文化

语言是一面镜子，它反映着一个民族的文化，揭示了该民族文化的内容。作为一种社会现象，语言的作用不只是作为人类的交际工具而存在，人们在利用这一工具的同时，也把人类对生活现象、自然现象的认识凝固在语言中，即语言还具有记录文化的功能。透过一个民族的语言，人们可以了解到该民族的风俗习惯、生活方式、思维特点等文化特征。

三、语言促进文化发展

人类发出的第一个有意义的声音可能是极其偶然的现象，当这种声音被一起活动的人所接受时，其他遇到类似的情况时，也会发出这种声音，于是，这种声音就成为人们某种认识的标记。随着这种标记的增多，人们的眼界便会越来越开阔，相互之间的交际便越来越自如。这种认知事物的标记就是语言。

有了语言，人们在表达某种思想时才可以少走很多弯路，节省了很多时间和精力。这样语言就慢慢带来了文化千丝万缕的变化。

四、语言的形成和文化的发展相互制约

语言和文化之间的这种双向关系可以从语言与思维的关系，语言作为文化的传播工具这两个方面加以认识。语言是思维的工具，是文化的传播工具；文化的构成又离不开思维（精神文化是思维的直接产物，物质文化是思维的间接产物），文化的发展也会促进语言的发展。作为思维的工具，语言在一定程度上影响和制约着思维的方式、范围和深度。然而，当思维发展到一定的程度，语言形式不能满足其需要或阻碍其发展时，人们也会自觉或不自觉地改造思维工具，促使语言发生改变。文化的生命力在于传播。语言作为文化传播的工具，自然对文化传播有着极大的制约作用，是文化得以生存的力量。在这个意义上来说，思维又影响和制约着语言。由于文化的传播，尤其是异族文化的传播，语言中又会出现一些新的词语、新的表达方式。也就是说，文化影响和制约着语言。

语言和文化的共生性主要体现在语言和文化所具有的时代特征里。随着时代的变迁、文化的进步，与之相对应的新词语也留下了深刻的时代烙印。我们国家对外交流日益频繁，社会更加进步，人们的思想也日益活跃，随之就产生了很多符合现代社会气息的新生词，这些新生词反映了在人们的不断社会实践中逐渐形成的社会文化和语言的相互作用，是在共生中相互影响和制约的。

人的本质具有社会性，人们在不断的社会实践中创造出越来越多的优秀文化，而随着文化的形成和发展，语言也随之产生。语言是一个民族的精神所在，人们透过一个民族的语言系统可以探视出它所代表的民族的社会风貌、人群心理、道德观念、自然地理、政治制度、社会形态等，而人的社会性决定任何人不可能孤立存在，尤其是在现在这样一个开放又先进的社会里，正是在不同人群、不同民族的相互交流、文化渗透中，社会才会不断进步，而语言就是这种文化传播和交流的载体，所以说文化和语言是相互依赖、相互影响的。对于语言和文化关系的研究，对学习一门语言有很大帮助。我们只有不断地了解目的语国家或地区的文化，才能真正透彻地去学习和掌握一门语言。

五、语言内涵文化

（一）语言是一种特殊的文化现象

文化主要包含两方面：物质文化和精神文化。精神文化就是在社会发展中，人们的意识形态集中起来的价值观念、思想道德、法律条例、审美意趣，而语言就是在人类产生之后，随着文化的产生而形成的一种精神文化，它属于文化的一部分，但是又具有其他文化所没有的特殊性。

语言作为文化的一部分，它不仅是一种文化现象，而且是文化的载体。

“语言是人类特有的一种符号系统，当它作用于文化的时候，它是文化信息的载体和容器”。每一个民族因文化的不同而持有不同的语言系统，一个民族的语言蕴含着一个民族特有的传统文化、思维方式、社会心理等。

（二）语言是文化的一种传播方式

语言是人类思维方式和文化交流的主要方式，人类的思维方式和文化交流实际上也是文化形成和传播的表现，人类因有思维而在不断的社会实践中逐步创造了文化，又在不断的语言交流中互相传播各自民族的文化。语言是文化的载体，人类在不断的社会实践中形成不同的文化，继而文化又催生出与它相对应的语言。因为语言是人类思维和交流的工具，人类的各种创造物常常需要借助语言的词汇或言语来加以记载巩固，正是因为有各种书籍和历代学者的研究汇总，人们才能分析出在殷墟出土的甲骨上面现在已经不再使用的甲骨文的含义大多是占卜祭祀，试想如果没有语言以书面形式的记载，现代人是很难破解出甲骨上艰涩难懂的文字的含义，甚至可能无法了解那些都是文字，或许还会只是把它们当成了一种古人涂鸦绘画而已。语言在文化传播中起着非常重要的作用。例如，现代生活的人们可以通过详细记录祭祀行为的文献口头传述，甚至电视电影中的情节去了解祭祀行为的产生、发展、变化过程。

第二章 文化差异与英语教学

第一节 跨文化英语教学概述

一、概述

外语教育作为素质教育不可或缺的组成部分，近年来得到了前所未有的重视，尤其是我国的英语教育更是引起了社会各界的广泛关注。随着改革开放的进一步深入和对外交流合作的不断扩大，社会对外语人才的需求量与日俱增，同时也提出了新的更高的要求。英语作为一门国际通用语，在当今世界国际交流中越发显示出了其日益强大的作用。这从英语教学在整个高等教育中所占比重便可以看出。然而，英语教学现状又是如何呢？或者说，我们的英语教学是否收到了应有的效果？

对绝大多数学生来讲，尽管他们有着多年学习英语的经历，但是他们中的绝大部分英语学习者对英语的实际操作运用能力不高，不能在具体实践中用所学的语言进行交流；有的英语学习者虽然能够讲出一口语音语调标准、语法结构正确的英语，但在特定的语言环境中却又有可能在语言交流中产生误解。

作为从事高校英语教学的教育工作者，有必要进行深刻的反思和全面的总结。教师必须正确理解和处理好语言与文化内在的丰富内涵，并在具体的教学实践中适时地介绍一些文化背景知识，抓好学生的文化素质教育，这样才能顺应社会发展的潮流，把握时代发展的脉搏，才能正确把握好语言教学的规律，培养出合格的人才。

就文化素养而言包括对母语文化的掌握和对英语语言文化知识的了解两个方面。文化教育在英语教学中有着重要的地位。如何在英语教学中实施好文化素养的培养已经成为摆在所有从事外语教学工作者面前的一个重大课题。

在英语教学中如何培养出学生良好的语言文化素养呢？这显然不是一个容易回答的问题。一方面，语言文化知识浩如烟海，不是在短时间内就能掌握好的；另一方面，对广大英语学习者来说，要注意英美文化与中国文化的差异。汉英文化广阔无边，分属两大文化体系，即汉语文化代表着东方文化体系，英语文化代表着西方文化体系。追根溯源，汉语文化有着几千年的历史，源远流长；而英语文化也丰富多彩，各方面都体现出浓厚的西方文化色彩。所以，学习英语的学生首先要熟悉中国文化传统，并具有扎实的汉语语言功底，否则不可能真正把英语学到手。

除了在英语教学中注重培养学生的母语文化素养之外，更重要的是要培养学生的英语语言文化素质，并注重培养他们对英汉两种语言文化差异的敏感性。对文化差异的敏感性反映在具体的言语行为中是极为常见的。文化差异敏感性的培养只能是日积月累，不可能一蹴而就。

英语教学的目的是要培养学生的英语综合应用能力和跨文化语言交际能力，以适应改革开放和社会发展的需要。要达到这一目标，一方面，教师必须向学生传授全面系统的英语语言知识，帮助学生打好语言知识功底，全方位训练他们的语言技能；另一方面，教师必须在教学中注重培养学生良好的语言文化素质，有计划地在教学中进行文化导入，尤其要着重于英美文化背景知识的导入，不断拓宽学生的文化视野。这样英语教学质量才会得到提高，就能够培养出大批语言功底扎实、文化底蕴深厚、语言能力较强的高层次应用型人才。

二、文化适应与外语教学

（一）影响文化适应的因素

在我国，课堂教学是外语学习的主要途径，然而课堂语言输入往往缺乏真实的语言环境，学习者都是有意识地去设想某种语言环境，来进行交际。在这个非自然的语言习得过程中，学习者很容易在心理上产生复杂情绪，直接或间接地影响着语言习得。因此，对文化适应模式中心理因素的研究对课堂外语教学有一定的启发性。

文化适应模式理论对第二语言习得的动力机制以及习得过程中的泾浜现象做出了独到的解释。外语学习者无论身处目的语文化中，还是远离目的语文化（如我国英语学习者），只要接触到外语，就会接触到新的文化，因为语言是文化传播的媒介。

（二）根据文化适应模式理论，创造良好外语学习环境

文化适应模式为学习者深入了解第二语言习得规律，创造有利的习得内外部环境提供了理论依据。为了促进外语教学，提高学习者动力，人们也应创造良好的内外部环境。例如：

（1）创造真实的教室环境。了解目的语群体的文化可以提高学习者的交际能力，因此，外语教学的教材应是与现实生活息息相关的真实材料，即具有真实性。所谓真实性，是指材料的文字和语言是自然的，而不是人为的。以选自报刊、杂志的文章和来自广播、电视的节目为教材，那就是具有真实性的教材。在教室里装饰和张贴目的语社团真

实的海报、卡通、地图，甚至小到诸如戏票、电视节目表、火车飞机时刻表、餐馆菜单等，创造一个可视的目的语社团环境。每个单元应注重目的语文化知识背景和社会风俗习惯的介绍，教材的编排应有利于教师挖掘那些含有民族文化背景知识的语言现象，并结合语言现象向学生传授文化、语用、认知等方面的外部世界知识。

（2）利用当地的目的语社团。如在我国各大城市中，都有外国专家、外籍教师的聚居区或公寓。他们构成了一个近似的目的语社团，提供了一个使外语学习者与目的语文化充分接触的可供利用的资源。

（3）开展国际合作办学项目。开展国际、校际间合作办学，加强国际交流，互派留学生，使外语学习者真切地体验目的语社团文化，降低封闭性和凝聚性。

（4）分析学习者个人对目的语及其文化的心理感受，即心理距离，帮助学习者克服语言和文化冲突，选择合适的学习动机，跨越语言自我的心理屏障。

（三）提高文化适应能力的策略

文化适应在外语教学中对学生跨文化交际能力的培养与形成起着重要的作用，因此不仅要在理论层面认知和了解文化适应，而且要在外语课程实践中加强文化适应。

1. 语言和文化相结合

语言是文化的载体，学语言就是在学文化。任何语言，由于受到独特的历史背景、价值观、世界观和哲学思想的影响，都载有其独特的文化内涵和意义，是传播该种文化的主要工具，也是人类进行思维和交流的最原始、最基本的工具。汉英两种语言，代表着东西方两种不同的思维模式，反映着两种不同的社会文化。国内学者主张在外语教学中移入与目的语语义、语用相关的文化内容，包括：一个民族文化中特有的事物和特有的概念在词汇和语义上的呈现；词语在文化含义上的不等值性；不同文化对同一对象所做的概念划分的差别在词语及语义上的显示；体现一定文化内容的定型的习用语，主要包括惯用语、歇后语、谚语、格言等。由此，教师的任务不仅是解释某些词语或句子的意思，还要帮助学习者多了解目的语的文化。对于涉及到的语言材料或文化内容，要向学生介绍文化背景，解释含义或阐明不同的社会规约和交际语。

从实际情况来看，英汉两种语言所包含和表现出来的文化因素方面的差异是客观存在的，是多角度多方面的。有人将这些文化“差异”归作七大类，从思维文化、风俗文化、历史文化、心态文化、地域文化、宗教文化和体态文化七个方面进行研究。也有人主张从词汇层面、语法层面、语用层面、颜色词方面和成语方面进行探讨。不论从哪一角度切入，教师都需要向学生明确：了解其他文化是为了和其他文化群体更好地进行交流，而不是完全成为其他文化群体的一员或是轻视甚至忘记自己的文化。

2. 英汉文化对比

教师应该帮助学生了解和掌握两种语言使用过程中所受的文化规约和语境异同，用相同之处来加强二语习得中的正迁移作用，用差异之处来防止负迁移作用。这种从语言的深层次结构出发，透过语言的外表进而对所学外语所反映的与母语文化的相同点或异同点进行对比的方法，具有方法论的意义，它有助于克服学生在习得所学语言和文化时的心理障碍。

文化知识的移入应相对有序，文化适应也应依照学生的真实交际水平，与外语教学中的等级同步进行。如果学习者接触的文化现象超出了他们的理解能力，则可能产生文化抵触情绪，在学习早期形成石化现象，这在二语习得中是很危险的。

3. 拓宽渠道，加强自我体验

外语教师在教学中，应该多促进国际交流与合作，让学生有更多的机会接触目的语的使用者，体验西方文化。教师应引导学生参加各种语境的外语课外活动。例如，读外语名著、听外国专家报告、参加英语角、英语戏剧表演等；引导学生留心和积累文化背景、社会习俗等方面的材料；计算机、网络和多媒体技术的发展，使自我体验的途径更加多元；网络提供原汁原味的语言输入，计算机、网络、多媒体语言教室提供多样的外语学习环境；网络强大的交流体系提供真实的外语交际环境，提高对自我文化的内省和洞察力，增强文化敏感性；提高自我文化对他人产生的影响和知觉，培养文化移情的能力，并能够理解和欣赏不同的文化。

同时，学生可按照个人需求、喜好和时间选择合适的学习内容、进度和方式，搭建沟通和交流的平台，促进彼此的交往和文化融合。学校也可定期举办文体活动、社交聚会、俱乐部活动、志愿者公益活动等，让留学生沉浸在文化实践活动中，交志趣相投的中国朋友，充实自己的生活，增加生活乐趣，促进文化融合，提高文化适应能力。

第二节 中西方文化差异对英语教学的影响

一、运用文化背景在教学中的作用

在英语教学中，要充分利用现代化的教学手段让学生最大限度地接触一些英美本土文化信息。减少文化差异的敏感性主要有两种途径，即直接途径和间接途径。直接途径当然是说要到异域文化中去生活、去体验，通过直接接触的方式来获取文化信息。这对于广大中国学生来说显然不可能，所以在此不再赘述。而间接途径则很多，包括课堂学习、课外阅读、收听英美广播、观看一些英文图像资料等。这里需要特别强调的是，由于课堂教学的局限性，教师应该花精力去指导学生开展形式多样的课外学习活动，阅读一些介绍有关英美文化背景知识的书籍，特别是要借助于先进的现代化的教学手段，加强学生的语言听说训练，直接在英语学习中给学生导入一些英语文化背景知识。

根据笔者的亲身体验，观看一些英文原版电影录像也是一种非常有效的提高文化差异敏感性的手段，因为大多数英文原版电影录像都是由英语国家本族人所演绎的，这些音像资料具有浓厚的英语文化气息。通过这种途径，不仅可以学到一些地道的英语，还能了解到许多风土人情以及一些特定情景下的言语表述行为。对英语学习者而言，特别是对那些在相对缺少英语语言环境下学习英语的人而言，他们从课本里学来的英文知识往往与现实生活中的语用实际脱节，甚至产生笑话。由于受书面语以及表达方式的影响，很多学生及英语语言工作者都显得拘泥于语法形式而不够灵活自如，在交谈中让对方感到不自在。

英语教师可以采用灵活多样的课堂教学方法培养学生学习文化知识的兴趣，同时帮助学生树立起长期学习英语的学习态度。学生是教学的主体，传授的知识要由学生加以理解、吸收，能力的培养主要靠实践来实现。在教学中，教师一定要结合具体教学对象的学习实际采用行之有效的教学法。教师应根据教学内容和学生特点，在课堂上灵活变换自己的教学方法和教学手段。教师应当在培养学生的学习兴趣和帮助他们养成良好的学习习惯上下功夫，即主要是教会学生学习方法。语言学习重在实践，一定要活学活用，一定要常开口。此外，英语学习是一个漫长的过程，文化信息更需要日积月累，这是由英语语言学习的规律所决定的，只有持之以恒的学习和大量的实践训练，才能获得娴熟驾驭英语语言的能力。英语教学需要提倡终身教育，每一个从事英语学习的人都要有坚持不懈、持之以恒的学习态度。唯有如此，才能学好英语。

英语教学要把讲解语言知识、介绍文化背景知识、比较中英文化差异有机地结合起来，充分发挥文化背景在教学中的积极作用，培养学生对文化差异的敏感性。

二、介绍文化差异，提高学生文化感悟力

在英语教学中，教师应介绍文化背景，使学生学会在适当的场合用适当的英语表达自己的思想；通过介绍文化背景，比较文化差异，让学生明白不同的文化、不同的语言有着不同的习惯表达方式。

通过文化差异的比较，学生在头脑中形成一种潜在反应能力，这种能力就是通过语言这一载体对英语所反映的文化内容的综合性的理解能力，也就是人们常说的文化感悟力。这种能力的培养和提高，需要教师在教学过程中不断地采用中英文化差异比较的方法，让学生有意识地排除本族文化的干扰。

三、比较文化差异，培养学生对文化差异的敏感性

介绍英语国家文化背景，培养和增强学生对文化差异的敏感性是英语教学的一项主要任务。如果忽略或轻视了这一点，就会造成只教授语音、

语法规则、词汇这些纯语言知识的局面，其结果会影响学生的语用能力，使学生不能够恰当、准确而灵活地运用英语进行交际活动，甚至会犯文化差异所引起的错误。这种由文化差异所引起的错误比语言性的错误更为严重，更应引起重视。

四、介绍文化差异，提高学生的交际能力

每一语言都有自己特有的交际模式。在英语教学中对于交际文化项目要给予说明，比较差异，时常提醒学生注意英语国家所特有的交际文化模式。

五、比较文化差异，调动学生学习兴趣

兴趣就是人对某事物所具有的喜好的情绪。当一个人做自己感兴趣的事情时，会投入全部精力，专心致志。无论做什么事情，首先要培养自己对其有浓厚的兴趣，然后再发挥自己的主动性，采用适当的方式方法，这样才有可能获得成功。学习英语也是如此。

这里所说的兴趣，主要是指学习兴趣。学习兴趣可以分为直接兴趣和间接兴趣。直接兴趣是由学习过程本身和知识内容的特点直接引起的。间接兴趣则是由学习结果的有用性而产生的。培养学生的直接兴趣是英语教学必须考虑的一个方面。只有不断地改进教学方法，增加新的教学内容，将趣味性贯穿于教学过程之中，才能调动学生的兴趣，激发学习的热情。

文化差异的对比，无论是方法上，还是内容上，都有助于调动、培养学习的直接兴趣。介绍文化背景，比较文化差异，透过语言看文化，通过所学的语言材料了解其中所含的民族文化语义，把枯燥无味的词语

解释、结构分析等变得有滋有味、生动活泼，这样就能引起学生极大的学习兴趣，使学生既学到了英语语言知识，又领略了其文化。

综上所述，英语教学离不开文化背景的介绍，离不开中英文化差异的对比；文化差异的对比在学习英语中起着不可忽视的作用。除在教学中介绍文化背景、对比文化差异之外，还可以通过让学生阅读英语文学作品、报纸杂志，观看原版电影、录像、戏剧等去了解英语国家的文化。这样可以使学生受到英语文化环境的浸润，在潜移默化中感受到英汉文化差异，以此达到丰富学生的社会文化知识，增强对英汉文化差异的敏感性，提高学生的文化感悟力和交际能力等教学目的。

第三节 英语教学中加强文化差异知识的传授对策

语言是文化的一部分，是文化的载体。语言与文化的关系密不可分。它是学习文化的主要工具，人在学习和运用语言的过程中获得整个文化。由于东西方社会是在不同文化的基础上形成和发展的，所以人们的思想、风俗习惯等都存在不同程度的差异。我们学习外语时不可避免地会接触到这些差异。不了解外语的文化背景，就无法正确理解和运用外语。

为了培养学生的跨文化交际能力和对所学语言材料的全面了解，外语教学应注重文化知识的传授，这在外语教学界已达成共识。文化知识是一个国家、一个民族约定俗成的。如果不是有意识、有目的地去学，是很难了解和掌握的。由于东西方文化差异较大，在我国的英语语言教学中，文化知识的传授就显得尤为重要。

笔者认为，在英语教学中不仅要让学生掌握语言基础知识，而且还应当加强有关文化背景知识的传授，这样不仅能使学生克服“母语的干扰”，养成良好的思维习惯，把英语学“活”，达到英语教学之目的，而且有助于学生融东西方文化为一体，提高文化修养。

在英语教学中，注意导入英语的文化内容与汉语文化的有关内容进行对照，这是我国英语教学界近年来取得的一个新收获，也是不少专家学者及外语教学人员的一个共识。那么英语教学中究竟应该导入并对比哪些方面的文化内容呢？我们认为，习俗文化、思维文化、心态文化、历史文化、体态文化五个方面的内容是应当导入并加以比较的。

在英语教学中，应该注意以下几个方面。

1. 加强教师修养，提高综合素质

文化背景知识包罗万象。从广义上讲，它包括所学外语国家的政治、经济、历史、地理、文艺、风俗习惯、礼仪、道德、伦理、心理及社会生活的各个方面。从狭义上讲，语言是文化的重要载体之一，如常用语、专有名词、成语典故、民间谚语等和形体表情等无声语言，都能够反映出大量的文化背景知识。要在教学中传授社会文化知识，外语教师显然起着主导作用。但目前我们使用的教材缺少相关的社会文化背景知识的介绍，并且们缺乏系统的以文化为导向的参考书籍。英美人的语用习惯、文化习惯，词的文化内涵，人名、地名的文化背景以及文学典故等都有赖于我们不断搜集和积累。这就对教师提出了更高的要求。教师必须不断学习，不断提高自身的文化修养，探索新环境下指导语言学习的新方法和新技巧，不断更新知识，提高水平，只有这样才能把英语教“活”。

2. 把握中西差异，注意对比教学

中西方社会文化的差异应是教学中的重点。特别是初学英语的学生，总喜欢把母语和外语互译，这种学习方法往往成为以后运用英语的潜在障碍。因此，在教学中，教师不但要对词语的文化背景知识进行必要的解释，而且还应该同母语进行适当的比较，以便使学生了解两种文化的区别,掌握正确运用英语的方法。在向学生介绍一些文化背景知识的同时，要重点讲解中西方文化的差异。外语教学应把所教语言与现实生活中的文化教育结合起来，使学生既掌握了一门外语，又掌握了一定的文化知识，实现语言教学的最终目的——交际。在教学中，教师还可利用对比法，将中华民族的文化特点与西方文化特点进行比较分析，使学生更清楚地认识到中西文化的异同，以获取跨文化交际差异的敏感性。

此外，还应当注意英美文化的差异。同一种英语在美国、英国形成各自的特点，如果不熟悉这些特点，在理解和表达方面就必然会产生误会，造成不必要的损失。中、美、英三国之间的文化差异联系在一起讲，这样就能使学生掌握比较地道的英美英语，而不是“中国式的英语”。

3. 教学中随文解说，进行文化导入

在课堂教学中，应该不拘一格地对语言教材中所涉及的文化背景知识进行随文解说，明确其最基本、最重要的文化因素，讲清它所包含的文化背景知识。同时，适当扩展其知识内容，顺便讲一些相关的外国风俗习惯和交际常识等。

另外，引导学生在阅读文学作品、报纸杂志时留心搜集有关文化背景、社会习俗、社会关系等方面的材料。这样一点一滴，日积月累，文化差异这道鸿沟是可以越来越小的。

4. 制定系统大纲，明确导入原则

我国教育部门应针对目前外语教学文化导入的相关内容摸索出一整套符合我国实际情况，符合语言学习普遍规律，符合不同学习者需要的原则、方法、手段和措施，制定出相应的教学大纲，明确文化导入的具体内容、措施和导入规则，以满足教师课堂实践的需要，使教师在教学中有纲可依，更有效地提高学生的外语交际能力。

另外，英语中有许多成语、谚语包含着丰富的文化背景知识，教师也可以有选择地介绍给学生。这不但能激发学生的求知欲，增加词汇量，扩大知识面，使学生了解西方文化，而且能使学生认识到学习英语不能用汉语生搬硬套，更不能一律望文生义。要学会把外国文化不同的表达方式换成中国的表达模式，即“入乡随俗”。例如，把 shed crocodile tears（流着鳄鱼的眼泪）译成“猫哭老鼠——假慈悲”，把 You can’t make on omelet without breaking eggs（不先打破蛋，蛋饼做不成）译成“巧妇难为无米之炊”等。

所以说，语言是文化的一部分，而文化又必须借助于语言这个工具才能得以记录、保存和反映。不同的民族有着不同的文化传统、民族意识和审美情趣，而这些各具特色的文化上的差异，即文化个性，势必会在各自的语言里得到充分的反映。从英语教学这一角度看，重视英汉文化差异的对比分析，揭示文化差异对英语教学的制约与影响，其意义是不言而喻的。可以说，英语学习的成败在很大程度上受着英汉文化差异的影响与制约。因此，在英语教学的各个环节注意适当导入所教语言涉及的文化内容并加以分析对比，英语教学就有可能收到事半功倍的效果，因为语言教学不仅仅是一个纯语言的问题，它和社会文化是息息相关的。谁不了解语言当中的社会文化，谁就无法真正掌握语言。

第三章 语言的跨文化交际与教学

在跨文化交际活动中，语言是主要的交流工具，文化是交流活动的背景。语言功能的实现，除了依赖语言的构成要素外，也依赖文化背景的支撑。有效的跨文化交际活动，不仅依赖合乎规范的语言，而且需要交流各方对彼此文化和共同文化的理解。在跨文化交际中，语言和文化共同构成了跨文化交际的要素。

第一节 外语教学中跨文化交际教学元素

一、语言

语言有静态、动态之分，静态语言是指没有进入交际的语言；动态语言是指在交际中使用的语言。关于语言的功能，国内学者认为：（1）语言是人与人交流感情和传输信息的中介；（2）语言是人认知世界和描写世界的工具；（3）语言是文化信息的载体和储存文化的容器。还有学者认为，语言有三大功能，即概念功能、人际功能和语篇功能。

从以上论述不难看出，语言本身是一套语音—文字符号系统，是一种表达手段。静态语言仅仅构成了作为交流工具的可能性，只有当语言进入交际（包括直接交际和间接交际）时才能表情达意、传输信息、交流观点，才能发挥出使用价值。这时，人们已把静态语言变为动态语言了，即语言同社会发生了联系并为社会所接受，因而产生意义。否则，无论多么符合语法规则的句子也毫无意义。所以说，语言最本质的功能是社会交际。

二、文化因素

国外有关学者认为，文化是一个复合整体，其中包括知识、艺术、道德、法律、风俗以及人们作为社会成员而获得的一切能力和习惯。还有学者认为，文化是主体和客体在人类社会实践中相互作用的产物，有广义和狭义之分。广义文化包括物态文化、制度文化、科学文化和心态文化。狭义文化就是心态文化。心态文化是由价值观念、审美情趣、思维方式等主观因素构成的，是整体文化的核心部分。

文化因素对于语言交流具有重要意义。语言既是文化的产物，也是文化的载体，承载着大量的文化信息。各民族文化的共同性为跨文化交流提供了基础，而各民族文化之间的差异性则构成了跨文化交际的障碍。

世界各族人民在从事社会生产活动中，对自然现象、普遍真理等有一个共同的认识，尽管文化背景不同，他们仍然有着“共同语言”，即文化内涵的相似点。当他们对主观世界或客观世界的某些看法取得一致时，往往在概念表达、词语搭配上不谋而合。对人类生活、自然和社会现象的语言表达，异语民族可用等值或近似的语言予以转换。所以，人类文化语言的共同点是大量普遍存在的，否则，不仅使用不同语言的民族之间难以交流，而且将一种语言翻译理解为另外一种语言也将失去可能性。

由于历史背景、地理环境、社会制度、经济状况等的不同，各民族在价值观念、社会规范、行为准则、生活习惯等方面存在着差别，导致在跨文化交际中常常出现理解上的错误和感情上的不快。由于文化背景导致的跨文化交流障碍在同种语言的不同文化之间表现得最为典型。

文化是动态的，总是处于发展变化之中，因此对于语言的影响也是动态的。随着历史的发展、社会的进步，作为社会交往工具的语言也必然发生变化，突出表现为词义的扩大或缩小以及褒贬色彩变化。新生事物的出现产生了表达新生事物的新词语，一些词语因不符合社会潮流而被淘汰。

外语教育中到底应该教什么始终是一个非常重要的问题，因为只有明白了教什么才能去考虑怎么教。外语教育中教什么的问题主要取决于人们对外语学习的最终目的的认识。

第二节 外语教学中的文化学习

一、文化学习的必要性

早期人们受瑞士语言学家索绪尔的符号系统论以及美国结构主义的影响，认为学习外语的最终目的就是掌握外语这个自足的、封闭的符号系统，外语教育的任务就是培养学习者的语言能力，因此，外语教学主要涉及语音、词汇和语法结构等语言系统本身的元素。自从“交际能力”的概念被提出来以后，人们开始认为培养学生的交际能力才是外语教育的最终目的，外语教学的内容不仅涉及语言系统本身，而且涉及外语在社会交际中的得体使用等。交际教学法受到了人们的普遍关注并得到了迅猛的发展。交际教学法的流行又大大促进了文化教学的发展。近年来，随着人们对语言、文化和交际之间的关系的进一步认识，研究者们又在交际能力概念的基础上提出跨文化交际能力的概念，因此，培养外语学习者跨文化交际的能力就被认为是外语教学的最终目的。

在跨文化交际中，两种文化的接触不可避免。交往双方很可能出于好奇、礼貌、工作或生活的需要而提出一些有关对方社会文化方面的问题。

改革开放初期，学习外语的目的主要是帮助人们学习外国先进的科学文化知识，这段时期的交流主要是单向的外国文化导入。随着改革开放的不断深入和我国经济的飞速发展，尤其是我国进入世界贸易组织以后，越来越多的外国人来到中国旅游、学习、工作和生活，我们学习外语的目的不再只是为了目的语文化的单向导入，而是为了双语文化的交叉交际。这种跨文化交际既有可能因为彼此缺乏对对方文化的了解而出现交际失误，也有可能因为不会使用外语进行文化表述而导致交际中断。因此，在文化教育中，人们主要要解决两个问题：一是学习了解目的语文化和本族语文化，二是学会这些文化的外语表达。在以跨文化交际为目的的外语教学中也应有意识地收入一些体现外语学习者本族文化的语言项目。两种文化背景的人际交往必须以双方文化为底座。

文化因素是跨文化交际的重要制约因素。以跨文化交际为目的的外语教育在很大程度上应是目的语文化和本族语文化的协同发展。不了解双方的文化异同，交际双方就很难做到真正有效的交流，甚至会导致交际失误和交际失败。因此，了解彼此的文化是成功交际的基本前提。但是，这也仅仅是通往成功交际的第一步。在具体的交际中，还必须懂得合理运用目的语文化的知识指导自己的言行，恰当得体地向对方解释和介绍母语文化的内涵。外语教育中的文化教学既要关注目的语文化的导入，也有必要更好地学习掌握本族语文化的精华。对两种文化进行对比研究是消除语用失误和文化失误的重要途径。

大学英语的教学目的是培养学生具有较强的阅读能力和一定的听、说、写、理解能力，使学生能用英语交流信息。大学英语教学应帮助学生打下扎实的语言基础，掌握良好的语言学习方法，提高文化素养，以适应社会发展和经济建设的需要。这里所说的“用英语交流信息”应理解为双方信息的相互沟通，包括用英语进行母语文化的有效输出。“提高文化素养”主要是靠外语教育中文化教育予以实现。大学英语教育应有助于学生开阔视野，扩大知识面，加深对世界的了解，借鉴和吸收外国文化精华，提高文化素养。与此同时，英语教育也应有助于进一步了解本族语的文化精华并掌握它们相应的外语表达。

本族语文化在外语教学中至少有两个重要的作用：一是作为与外族文化进行对比的工具，更深刻地揭示外族文化的一些主要特征，从而也加深对民族文化本质特征更深入的了解；二是通过对学生本民族文化心理的调节，培养了学生对外族文化和外语学习的积极态度，从而调动学生学习外语和外族文化的积极性，增强他们的学习机会。在目的语的学习过程中，目的语与母语的水平相得益彰；目的语文化与母语文化的鉴赏能力相互促进；学习者自身的潜能得以充分发挥。加强学生对母语文化的鉴赏能力，可以提高其客观评价一种文化的能力，有利于学生更加深刻地理解母语和目的语文化。

二、本土文化与目的语文化协同发展

要想在外语教育过程中实现目的语文化和本族语文化的协同发展并非易事，这需要人们认真分析外语教育的复杂过程和影响外语教育的诸多因素。下面本文仅从大纲制定、教材选编和课堂教学三个外语教育的重要环节探讨实现双语文化教育的途径和策略。

（一）大纲制定

要实现目的语文化和本族语文化的协同发展，首先要制定出以外语教育中语言和文化有机结合的目的语文化教学大纲和本族语文化教学大纲。我国在这方面取得了一定的经验。由于文化项目纷繁复杂，我们制定文化大纲时，既要考虑到文化教育的多维性和层次性，也要考虑到文化教育的阶段性和文化项目的实用性。如果把文化分为不直接对交际产生影响的知识文化和直接对交际产生影响的交际文化，那么，编制大纲时初级阶段交际文化项目应多些，随着水平的提高，交际障碍的减少，知识文化的因素会加大。

进行跨文化交际教学大纲的设计时要分析教学环境和学习者。教学环境主要包括时间因素（教学计划总课时）和地点因素（教学计划的实施场所）。学习者范畴主要包括四个因素：学习者未来的社会地位、职业、外语学习目的和交往场所。大纲一般包括五个表，即社会文化项目表、词汇表、语法项目表、功能项目表和语篇项目表。这些原则对编制文化大纲工作很有启迪。

（二）教材选编

由于语言教学和文化教育是同步交融的，因此在选编教材时，我们应首先考虑那些富含语言精华的文学作品和介绍双方风俗文化的语言材料作为输入的语篇。这些文化输入既要包括目的语文化，也要包括本族语文化。材料的选编应注意材料的真实性、典型性、得体性、简洁性和规范性，同时注意主流文化和亚文化的结合。另外，材料中文化项目的取舍应遵循实用性原则、适度性原则、相关性原则和阶段性原则。外语学习初始阶段的材料尽量反映表层文化（器物文化）。随着语言水平的提高，文化愈益显得重要，文化因素对外语学习的牵制作用就愈加明显，有关文化的课程可以逐步增加，教材中可以选入一些反映中层文化（制度文化）和深层文化（观念文化）的语言材料。

（三）课堂教学

文化教学的内容是传授跨文化交往所需的知识和技能。外语教学中的文化教学应以帮助学习者掌握跨文化交往所需要的、除目的语之外的知识和技能。文化教学必须遵循两个原则：一是相关性实用性原则；二是从易到难循序渐进的原则。有关学者曾经介绍过几种传授社会文化知识的方法：（1）文化旁白，即随时碰到随时讲授。（2）同化法，即辨认交际中的文化失误。（3）文化包，即对特定文化题材进行对比和讨论。另外，注解法、融合法、实践法、比较法和专门讲解法都是课堂讲授文化的常用方法。总之，文化教学应与语言教学同步融合，通过归纳总结和对比分析，使学生了解母语和目的语在语言结构和文化上的异同，并将这种异同放置在一定的社会历史语境中进行讨论，让学生了解其产生的社会历史根源以及它们所代表的不同的文化价值观，从而获得一种跨文化交际的文化敏感性。文化教学程序可分三个步骤：提呈（语法翻译法）、重复（听说法）和运用（交际法）。这样，中国语言文化与外国语言文化的融会与互动必能产生“1+1>2”的效果。对本族语文化多一分了解，就能对目的语文化多一分敏感。

当然，教师还应不断提高自身的文化修养，尽量使用正确且得体的外语进行课堂外语教学。学生也应有意识地进行大量相关的课外阅读以获得一种跨文化交际的文化敏感性，弥补有限的课堂教学的不足。当然，提倡目的语文化和本族语文化的协同发展，也并不是指二者必须摆在完全对等的地位，它们之中仍然可以有对目的语文化导入的阶段性侧重。目的语文化的导入可适度侧重于学习了解目的语文化并指导交际时的言行举止，本族语文化的学习主要侧重于和目的语文化的对比以及交际时本族语文化的表述。相信通过这些努力，学习者在跨文化交际中就不会频繁出现交际失误或交际中断，学习者学习外语的最终目的才能得到实现。

第三节 外语教学中的交际学习

一、交际教学法的语言理论基础

任何一种教学方法都源于某种语言理论，交际教学法也不例外，它有深厚的理论基础。国外学者列出了一些语言的交际性特征。首先，语言是一种用以表达语义的语义系统。其次，互动和交际是语言功能最基本的特征。语言的功能性和交际性的应用体现在它的语言结构上。最后，语言的功能性和交际性语义是构成语言的基本单位。语言理论是教学设计和教学步骤的基础。英国和美国的语言学家普遍认同交际教学法有两个教学目标。交际教学法是这样看待语言的：语言是一种功能性系统；语言可以被看作是一种用来表达功能性语义的工具；语言的基本功能是互动和交际。国外学者认为，交际教学法最大的特征之一就是它既重视语言的功能特点，也重视语言的结构特征。

为了更好地理解交际教学法以及它是如何在教学实践中得以实现的，

我们有必要分析一下交际能力并给它下一个定义。国外学者认为，交际能力包括语法能力、社会语言学能力、话语能力和策略能力。

第一，语法能力反映的是语言代码本身方面的知识，包括对词汇的掌握、词汇构成方面的知识、发音拼写的规则和句子的构成。这种能力是人们得以准确理解和表达话语原意不可或缺的知识和技能。

第二，社会语言学能力可以理解为在不同的社会和文化背景中所提供和理解的限度范畴方面的知识能力，它可以涉及从话题、谈话人的社会地位，到交际互动的目的等各个方面。

第三，话语能力指的是能够熟练地把语法结构和语义有机地结合起来形成一篇规范的、可以是不同文体的口头文章或书面文章，或者不同文体文章的一部分，比如记叙文、议论文、说明文等。一篇文章的统一性是通过形式上的黏合与逻辑上的连贯而得以实现的。黏合是指如何把话语从结构上连接起来，这样，文章就可以当作一个统一的整体进行解读。连贯是指文章中逻辑和语义的关系，从表面上看语义可能是字面的意思，而在深层的结构上是交际功能，或者称作符号学上的社会交际语义。

第四，策略能力可以被定义为能与他人在不同场合下得体地进行交际的能力或技能。我们也有必要加强交际中的有效性，或者弥补实际交际中由于受限的因素而引起的无效性交际，或者弥补由于缺乏这样或那样的交际能力而导致的无效交际。

二、交际教学法的运用

（一）交际教学法运用理论

交际教学法是二十世纪七八十年代在全球兴起的，以语言功能项目为纲，以培养学生交际能力为目的的教学方法。这里阐述的“交际”主要是指“跨文化交际”。下文亦然。交际法的核心是把教学过程作为交际过程，使语言的学习成为交换和获取信息的手段，在用中学习掌握语言。在课堂教学中尽量设计接近于真实生活的情景，用实际生活中可能出现的情况来组织教学活动。交际法教学并不强调学生把每个句子都表达得很完整、准确，注重的是语言的流畅性、连贯性。尽量让学生在交际的过程中，自己认识到语言错误，自行修正，教师只是在影响到交际时才给予指导。同时，课堂上的教学活动也以学生为主体，由他们担任主要角色。教师侧重选择、组织、控制和促进交际活动的进行，使语言学习的形式不脱离交际活动的内容，以达到提高交际效果的目的。

我国学生的学习积极性很高，有良好的记忆力和坚忍的耐力。在教学中能够积极与教师合作。但是学生们习惯于以教师讲授为中心的教学方法。如在培养阅读理解和听力理解等接受性技能的课堂，都是教师对学习材料进行分析讲解，然后归纳出一些规律让学生记忆。在培养会话、写作等创造性技能的课堂也是常常由教师示范讲解，然后带领学生反复模仿练习。

运用交际法，培养学生流畅的语言交际能力，能够在交际过程中快速决定说什么、什么时候说、什么场合说。掌握娴熟的表达技巧，应注意以下几个方面：一是加强大脑的语言输入。一个学生能够用所学语言达到适应表达要求的程度，是由大脑中储存的语言量决定的，学生从中取舍进行交际。因此，学习语言加强输入是学习过程的首要条件。要使学生对所学语言有足够的输入，必须大量广泛地接触阅读语言材料，充分地听到真正的交际语言，通过听觉和视觉感知语言材料。通过读听，理解和接受语言信息。耳濡目染，学生就会将所看到和听到的大量语言信息逐步贮入大脑。在交际需要时，贮入的语言材料经大脑的处理、加工、选择、组织就可以输出，用以表达思想感情。因此，交际活动是以语言的输入为基础的，输入不充分，语言表达就会贫乏，就会影响到交际活动的顺利展开。

二是使用恰当的输入方式。输入应是经常的、大量的，语言应是尽可能自然的。在学习外语的过程中，学习者的动机、心绪、态度、个性等都是影响外语学习效果的重要因素，但是否具有强烈的交际意识往往是决定学习成败的关键。恰当的输入还要有经常的输出，在学习外语的过程中，要鼓励学生将输入的语言知识尽可能地用于交际实践。

三是提高学生的交际能力，教师的正确引导十分重要。外语教师首先要提高自身的交际能力，要能够说一口流利纯正的外语，这是学生获得正确的交际能力的重要保证。在语言学习中，教师要善于设计安排接近生活真实的语境，使学生感到是置身于真实的外语环境之中。在学习的初始，教师要采取归纳和演绎相结合的方法，大量练习听、说、读、写各方面的技能，掌握基本语音、语调，进行大量的模仿性交际。可以让学生熟读和背诵对话、课文，重复教师所给的范例，或利用对话进行表演，开展句型操练和小型会话。需要注意的是，教师在进行听力训练时，不要给学生一次放入较多的难点，让学生尽量直觉地去理解语言。让学生多阅读一些简易读物以巩固词汇，要求学生多出声地朗读，有助于培养学生对词的直觉，帮助记忆，使词形和词音同时起作用。学习的初始阶段虽不具备交际的全部特征，但可以为提高交际能力奠定基础，是交际法教学的必经阶段。

学生具备了一定的基础之后，就要引导语言操练形式向交际的方向转变。教师尽量模拟交际环境，培养学生的学习兴趣，激发他们的学习热情。设法向学生提供引起学生好奇心，唤起学生使用外语进行交际的欲望，启发学生的想象力和创造力。如让学生根据设计的情景、剧本或图片，编成对话，通过情景的刺激，引发学生的本能反映。需要注意的是，教师的身份是与学生相同的交际者，当学生在交际中说错或找不到适合的表达语言时，教师要用询问、重复、提示的方式来提供学生们需要的正确表达，使学生意识到并很快接受正确的信息，却又不打断交际的进行。当然，交际的进行也是一个循序渐进的过程，要把学生放在一个他们现有水平能够应对的情景中，在语言匮乏时及时得到帮助，并有意识、有兴趣向新的语言目标提起特殊注意，再把新的语言在上下文中反复使用。加深学生们的认识、理解，逐步达到流利的程度。这时应要求学生大量阅读简易读物，为阅读原著做准备。教师还应鼓励学生寻找机会进行初试外语即兴的口头交际，围绕交际内容，发掘自己的外语潜力，不拘泥于语言形式，不要怕说错。

（二）交际教学的步骤

实施跨文化交际教学应由以下几个步骤组成：一是基本语法阶段。这个阶段词汇和语法是有限的，交际的范围也是有限的，同学之间只能进行一些简单的对话。二是设计某种情境，围绕文化引进不同的知识文化背景，在这个情境中，围绕对某一个文化现象的讨论，让学生感兴趣。三是课后积极创造机会进行交际。让同学们多接触实际的外国文化，如请外籍人士来交流参与外语角等。除此之外，教师要通过多种活动如讲座、讨论调查及表演等方式，提高学生的积极性。以课堂讲解为主，课后查找资料为辅，重视系统地进行跨文化交际，注重对学生的启发式教学。让课后学习成为课堂教学的外延，教师可组织学生通过查阅资料等其他方式来进行。四是拓展词汇阶段。词汇的内涵往往有更深层的根源，是长期浸泡在该文化中的提炼与结晶，因此应深刻地分析该词汇的内涵，多进行比较。五是理解目标语中的深层文化阶段。在掌握一定的跨文化基础知识之后，在理解某句话或某篇文字时，就会注意文化的渗透，避免出现理解错误或偏差，这就到达了理解其深层文化的阶段。

培养提高学生的跨文化交际能力，除课堂教学中的模拟之外，还应该到真正的社会实际中去实践，去锻炼，把学生放在真真切切的场景中去完成交际任务。如邀请外国客人做报告，学生就报告内容向外国客人提问交流；观看外文电影、录像；组织外语角、郊游、文艺活动等。阅读原著也是一种直接接收性的重要交际方式，不受客观条件限制，应充分利用阅读这个渠道，把阅读能力的提高转化为听说能力和写作能力。

交际教学法不仅可以较好培养学生听说读写能力，而且可以培养语法能力以及社会语言能力。它可以增强学生对社会语境的理解，对交谈者的认识和交际目的，以及人际关系的理解，培养学生的话语能力，增强对个别信息及其相互关系、整个对话和篇章结构意义的理解；培养学生的策略能力，在交际中如何起头、如何修补、如何应对等。另外，在交际训练中，如初始、模拟、实践中，也要注意语言形式和语言内容的巩固，对使用过的语言结构和内容结构进行正确分析，让学生了解话语与话语是如何联结的，语段和语段是怎样承前启后的，信息是如何表达和组织起来的，使学生的学习更加适应于生活的需要。外语学习成功与否，标准在于他们能否用所学的语言创造性地表达，能否面对场景做出恰当的自动的反应，能否用外语思维。

三、交际原则

（一）交际中心原则

交际中心原则是交际教学法的首要原则。即教师在课堂上所组织、所进行的一切教学活动都应以交际目的为中心，为其服务。我们可以将活动分为两种：直接的交际活动和间接的交际活动。前者如值日生报告，教师为完成教学任务所发出的指令及学生的应答等。后者是指为交际活动而服务的活动，其本身并不是交际活动，而是对交际活动有用的、与完成交际任务有关的活动。比如谈论朋友。教师在教学中应引导学生说出所涉及到的基本词汇和句型，并进行一定时间的操练。应该说这种活动本身并不是交际活动，但它可为之后进行的“学生介绍自己的朋友”的活动而服务。操练结束后再进行交谈，学生兴趣盎然，课堂气氛热烈，收到了良好的教学效果。再如，语法教学中教学生学习简单疑问句或复杂疑问句的目的，如果仅仅因为它们是英语语法体系中的一部分，或者因为它们是教材中出现的内容，那只是为学生学习语言本身而进行教学，相反，如果学生在交际时所需要的简单疑问句或复杂疑问句，教师教了之后学生能马上使用，能在交际活动中向别人提问，能对他们的交际有用，教师就是在为交际而教语法。

语法教学因为围绕交际活动而展开，也就具有交际特性。比如，语法项目是“直接引语和间接引语的相互转化”，那么教师一般是先讲解有关的知识，然后进行操练，使学生见到直接引语和间接引语的句子后能将其相互转化。教师可以组织这样的活动：引导学生用便条的形式对老朋友说几句话或发出邀请等，学生写好后，收集起来，再随机发到每个学生手中（事先告诉学生说由于某种原因条子传错了人），然后要求学生就这件事及其便条的内容进行交谈(主要说明便条是谁写的、写给谁、有什么事、急不急等）。教师可以先做示范，然后叫几个学生说，其他学生听，最后是学生之间随意交谈，既运用了直接引语又运用了间接引语，刚刚学过的语法知识一下子就派上用场了，这样就实现了语言用法向语言的使用的转化，达到了语言教学的交际目的。

（二）信息互补原则

交际教学法区别于其他教学法的一个重要标志，就是尽可能在课堂上重现语言使用的交际过程。现实生活中人与人之间的交际形式多种多样，交际过程中所使用的语言更是丰富多彩，英语教学如何再现人们的交际过程呢？人与人的交际有一些共同的特征，交际过程中也存在一些普遍性的东西。这些共同的、普遍的特性正是交际教学法所强调的，也是交际教学法在课堂上要重视的东西，其中最重要的特征是信息差。

所谓信息差，是指交流双方所占有的不同信息。信息差的存在是交际双方进行语言交流的原动力。交际的目的就是互补信息。交际教学法强调课堂上一切能称之为交际的活动和练习都必须要有信息差，否则的话，只能叫作人为的机械操练。比如，教师在课堂上让彼此不认识的学生进行自我介绍或彼此询问对方姓名、从哪个学校来、家庭住址、联系方法等就是在组织交际活动。这是因为学生之间存有信息差，彼此不了解，因此这样的活动就是真实的交际；相反，如果为了练习英语的特殊疑问句，教师让彼此很熟悉的学生再相互问对方上述的问题，那就完全是机械操练了，因为学生之间不存在信息差，是明知故问。因此，在交际法英语教学中的一大任务就是设计有信息差的活动和练习，或者组织学生用恰当的方式互补信息。

（三）容忍错误原则

这是交际法区别于其他教学法的一个重要特性。对学生的错误特别是语法的错误，采取宽容的态度。交际法强调意思的传递和交际目的的实现。因此，要求教师高度容忍学生犯的错误，只要学生能表达意思，教师就没必要纠正他，况且犯错本来就是一个人在学习语言中经常出现的现象。即使是本族语的使用者也会在交际中出现一些错误，但一般情况下这并不影响交际。但这也不是说对学生的错误要放任自流，置之不理。教师可以在适当的时间采用适当的方法来纠正学生的错误。

（四）以学习者为中心原则

在交际法教学里，学生是课堂的中心，他们必须被鼓励并且积极参与课堂活动，在课堂活动中使用和思考英语，学生本身才是语言的分析者，他们从所看和所听的语言里领悟语言的规律和使用。

教师必须充分重视调动学生学习的主观能动性，从预习到课堂实践、课后复习，每个环节里都应该让学生自己去思考、发现问题并自己动手去解决问题。教师是学生学习过程中的引导者、促进者和咨询者。教师的另一个重大责任是创造一种轻松的、有利于学习的课堂气氛，使课堂成为交流或交际性的活动场所。这一活动场所中，学生积极思考，独立又合作地解决问题，大胆发言，有很多语言实践的机会，有效地提高学生的跨文化交际能力。

第四章 跨文化英语教学技巧

第一节 教学操作技巧

教学操作技巧的使用是英语课堂教学的具体行为。英语听、说、读、写的训练过程是通过教学操作，使学生建立听、说、读、写的英语基本技能，培养初步使用英语的能力。但英语教学的操作要依据语言的内部规律和人对客观事物的认知规律。遵循规律的教学操作是一种技巧。所以，首先应考察语言的符号特征，审视语言教学的操作意义。

语言是一个复杂的、具有自己鲜明特点的符号系统。语言符号系统是由许多小系统构成的，如语音系统、词汇系统、语义系统、语法系统等。语言有其鲜明的特点是指语言不同，符号不一样，但都是以一个完整的体系来确切地描述千差万别的事物的形状、性质、功能及其千丝万缕的联系，能够传达人的各种情感。

一、英语运用的物质操作和观念操作

语言操作的物质性和观念性决定了语言是以符号作为实体存在的。语言有声音，有形象，是可感的物质，是一定形式的存在。但语言符号又有意义性，这种意义具有两个层面，即表层意义和深层意义。表层意义的语言符号表示某一具体事物的概念，而语言符号的深层意义是隐藏在符号背后并支配符号运作的规则系统，如语音规则、拼法规则、语义规则、语法规则、语用规则等。语言的深层意义是观念性的。语言这种

深层意义决定着表层意义，使语言的操作得以实现。

抓住语言符号这一特征，可以将语言的操作看作物质操作和观念操作的统一。英语教学中的物质操作是人的感觉器官的操作，如口、耳、眼、手的操作，即听、说、读、写的活动。观念操作是大脑对英语自身规则体系的操作，即语音规则、拼写规则、语义规则、语法规则、语用规则的内化活动。英语教学一开始就应该重视这两种操作的结合。

教材中对词汇或词组提出了四会、三会、二会、一会的不同要求，这体现了教学操作的基本概念。随着学习的进展，观念操作日益重要。所以，我们提倡物质操练到一定阶段时强化观念操作。鉴于学生的认知结构，教师应尽早让学生建立观念操作意识去进行物质操作过程，使语言运用得以准确与流畅。

二、教学过程中的机械、意义、交际操练

外语学习不同于母语习得，外语是在不自然的环境中学得的，而母语语言是在自然环境中不断运用而习得的。所以外语学习应是有意学习，即有目的、有顺序地进行语言训练。因此，英语教学过程应遵循机械操练、意义操练、交际操练的顺序，这样才能保证学生顺利地获得语言知识，形成语言能力。

（一）机械操练

早期操练性条件反射的学习途径主张用“刺激—反应”公式去解释表现心理现象的行为，其理论反映在外语教学的结构主义语言学中，体现的教学行为是依据语言结构，进行大量的句型操练和替换练习。随着教学理论的发展，后期操作性条件反射理论强调操练应对语言环境产生

影响，以促成强化作用，肯定操练是有意识的行为，认为在刺激与反应之间还有一个中间变量，即认识、期望等心理特征。总的说来，以条件反射这种学习途径的理论指导语言操练，均属机械操练。

英语教学过程中的机械操练有其必要性，其理由为学生学习一种外来语言，要接受一种完全不同的语音系统、结构系统、表达系统，要通过有意识的学习行为来形成发音习惯，运用其结构来表达观念。具体地说，机械操练是让学生读得上口，形成英语言语习惯。但教学中机械操练要在学生顺利读出或说出句子时适可而止，过头的机械操练既不利于学生的思维发展，也控制了学生在学习中主体意识的发挥。

（二）意义操练

意义操练是指考虑学生在认知结构（学生通过母语或外语所获得的知识和经验的总和）的基础上进行语义操练。英语教学中的意义操练在于将语言学习结合学生的生活现实进行有意义的言语实践，结合学生生活实际的语用意义进行展示和扩充。在单元教学中，教师应对词语进行选择，将选出的词语进行意义扩充性操练，采用同义词、反义词对比法，运用学生已学知识对新词进行注释性解释，将正在学习的词语置于数个情景之中，让学生理解其多义性。每教一个语言项或语法项，要结合其在语言材料中的含义并结合学生生活对其实际的语用意义进行呈现和运用。这样学生才易于领会语言含义和培养语用能力。

我国英语教学的特点之一是教学班级大、人数多。意义操练中的知识运用层面应考虑学生的认知结构。认知理论强调人在刺激与反应之间产生的各种可变因素，可变的原因在于各人不同的知觉因经验、学历、年龄、健康、志向、性别等不同而互不相同。所以，意义操练中信息内容的设计，要考虑不同认知结构的学生的要求，进行具有层次的意义操练。

（三）交际操练

交际操练既是教学操练的手段，又是教学操练的目的。学习英语的目的是通过听、说、读、写的操练形式达到运用英语进行交际的目的。

交际操练作为教学操练的手段，表现为两种形式。一种是模拟交际操练。这种交际操练体现为学生通过教师的引导认识记住语言材料，作为读者与作者之间的思想沟通；或在语言加工过程中结合生活实际对语言现象进行模仿，其实质是师生运用英语进行观念、情感、信息的交流；或在语料熟练后，学生模拟语料，结合自己的认知结构进行思想、文化、信息的表达。另一种课堂交际操练的途径是师生间用英语进行真实交际。

交际意义操作的教学应以交际载有语言、思想、文化等信息的观点去进行，而以此观点去细心处理语言现象，是培养学生目的语交际能力的有效途径。

教学过程中，教师的情感处理要依据语言材料的内容，应注意学生的学习反映和其他反映。教师的语言表达、非语言教学行为、声音的音质、音量的变化和面部所呈现的情感起伏，都是与学生情感的交流，是对学生情绪的影响。另外，学生学习过程中出现注意力分散和疲劳时，教师应改变教学节奏，转换话题去形成新的学习高潮。

教学操练技巧直接反映教师语言运用的熟练程度和语用能力，间接反映教师对语言本质的认识深度和语言教学理论的实际水平。所以，英语教师应该在通过语言教学实践不断提高自身理论水平和操作能力的前提下，依据人的认知规律和考虑学生的生活环境，按照英语操练规程去组织学生进行语言操练，使学生建立运用英语进行交际的能力。

三、跨文化交际技能教学

（一）语言技能教学

听、说、读、写也是英语语言技能教学所要面对的四项技能学习。

培养学生英语听、说、读、写技能和提高学生运用英语进行跨文化交流的能力是英语教学的重要任务。学生的英语交际能力要通过大量的专项和综合性的语言实践活动，形成综合语言运用能力，为真实的语言交际打下基础。

1. 听力教学

英语听力训练，应遵循从易到难，逐步深入的规律，具体地说，就是从听短句到长句，从句子到对话，从对话到短文逐步深入。听力训练，要求学生把所有的语言知识都必须在极短的时间内同时运用完成，难度极大。“听”和“读”是相互联系的。笔者训练学生的听力是在“读”的基础上进行的。在读书教学中，让学生跟着录音读，就是让学生认真地模仿地道英语的语音、语调，培养学生的语音感知能力，为听力训练打下基础。在训练中常用图片、图像、手势及其他动作来帮助学生理解听力内容。学生听完句子后，要求学生利用听到的关键词，使用自己的话，把原句的意思说出来。随着学生知识的增长，听力训练的材料也随之深入。笔者选择的听力材料既具有针对性、操作性，又是学生相对熟悉的、口语多的、交际性强的材料。这些材料既符合学生实际生活，又有趣味、幽默。学生通过努力就能听得懂，从而增强学生学习英语的自豪感和自信心。只在课堂上训练听力是不够的，还要鼓励学生在课外时间多听些原版录音，多看些英语电视节目、英语录像等。

2. 口语教学

“说”“读”和“听”是紧密联系的，口语训练要从“读”和“听”抓起。朗读为开口说英语做准备，而只有听多了、听准了，才会说得自然流畅。在口语训练时，应重视课前准备的语言材料与课堂中的情景创设相融合。在课堂上为教学语言材料创设一定的语言情境，能使学生就像置身于真实的语言环境中，让学生感到所学英语的真实性，从而自觉地进行口语表达活动。

3. 阅读教学

读的方式有带读、跟读、朗读、熟读、阅读等多种方式。在朗读中，首先指导学生根据自己对课文的体会来调整自己的语音、语调、语感以达到提高朗读的质量。在早读时间还要求学生适量地熟读一些课文，熟读课文可以达到三个目的：（1）解其意，就是加深对课文的了解。（2）脱口而出，就是提高朗读的质是达到口语的水平。（3）适时而用，就是记住什么语言材料应在什么语言环境中使用。其次，辅导学生阅读。随着学生知识的增长，指导学生进行阅读，显得十分必要。通过大量的阅读可以培养学生的思维能力，提高理解能力，同时积累大量的词语、句子、资料等语言知识。再次，阅读是有一定速度的，要指导学生养成默读的习惯。在阅读中，要指导学生运用正确的阅读方法和技巧，带着问题向前看，抓住文中重点段、中心句、关键词不要放，读完之后再推理判断。如果学生能在阅读中抓住关键词、重点段、中心句，就能更好地根据上下文进行判断和推理，理解文章的大意和细节。最后，学生阅读完成后，要用词典查找出阅读中经常出现的新词汇，并记录下来。

4. 写作教学

指导学生写作要把听、说、读技能结合起来，让其为写作服务。英语写作练习是一个长期的过程。英语写作是循序渐进，不断地练习积累、完善的过程。在指导学生写作时，不同的阶段有不同的要求。当学生养成了英语逻辑思维的习惯时，就让学生用自己的话去描述某些事物。布置学生写作文要及时评点和反馈，指导学生进行修改，这是学生提高写作水平的重要步骤。评点是帮助学生找出错误的原因，并授予改进方法。修改作文应让学生自己修改或者相互修改，让学生修改好了再打分。鼓励学生用英语写日记、记录生活、了解文化。通过这种训练方式，学生能用自己的语言材料，用自己所学过的表达方式，简单地陈述某些事情、描述景物，表达自己的观点和情感。这种训练能为学生积累较实用的写作资源。

英语语言基本技能是互相促进的，听、说、读、写四项技能也是相辅相成、相互联系、相互促进的。在培养学生语言技能的过程中不要只重视培养某一技能而忽视其他技能，要一样重视，灵活地进行培养。

（二）语言交际教学的形成

交际教学法也是语言技能教学的一种新技能。交际教学法作为一种教学理论的研究和外语教学的思路，特别是英语作为外语的教学，已经走过了 1/4 个世纪的历程。据国外学者的回忆，最早使用交际教学法这一术语的是兰卡斯特大学的坎德林教授。

20 世纪以来，语言学、社会学、心理学、教育学等学科都有了很大的理论突破和进展。单就人们对于语言的认识来说，20 世纪 50 年代，国外学者提出语言研究应区分语言能力和语言表现。前者指语言的知识，后者指语言的使用，语言学研究的是语言知识，因此语言学是知识体系，是科学。在该学者看来，一旦人们掌握了高度抽象的语言能力，就能创造出无限的句子来。

也有学者对此提出不同看法。他指出，一个人语言掌握得好坏，不仅在于他能否造出合乎语法的句子，而且还包括他能否恰当地使用语言的能力。因此，人的语言能力应该是他的交际能力，交际能力并不表现在一个人对语言形式掌握得有多好，而在于他运用语言参加社会活动的能力有多强。这里面包括诸多社会因素，如语言以外的表达方式（像体态语和辅助语）、不同人物的语言风格（语体问题）、不同场合使用的、不同语言形式（语域问题）等。因此，必须从语言本身的桎梏中解放出来，训练学生的社会交往能力。对语言要进行语体、语域和语言功能的分析，对学生要施行有目的的教学，而语言教学的目的是培养学生的交际能力。

交际教学法就是在这样一种理论基础上发展起来的一种新的教学思想。早在 20 世纪 60 年代，国外学会就曾组织力量，运用语言功能学说的原理，细致地研究了中学外语教学的新途径，提出以功能—意念为主线的教学大纲编写原则，进而形成了一度享有盛誉的功能——意念法。

到了 20 世纪 70 年代末，新的外语教学思想基本形成。但是，由于这一段时间内的理论研究与教学实际脱节，许多关键性问题尚不明朗。根据功能—意念原则编写出来的教材，往往仍以句型练习为主，只不过是变换了一下编排的方式，即以语言功能的表达方式代替了语法形式。为了弥补教材中的缺陷，加强课堂的交际性，活跃课堂气氛，教师不得不自己设计一些模拟日常生活场景的课堂活动，让学生扮演角色、表演短剧、模拟人物，这就出现了课堂交际活动。

此间，交际教学法在理论上正在完善当中。如国外学者以话语分析的研究为出发点，总结了其主编教材时所遵循的原则和取得的经验，为交际教学法理论的形成作出了重要贡献。

20 世纪 80 年代初期，国外学者对交际法的原理与实践进行了比较：明确的表述，为外语教师提供了教学方法上的指南。

至此，交际法作为一种教学理论已臻完善。20 世纪 80 年代以后出版的教材与从前大不一样，教学单元的标题变成了一个个主题，并围绕这些主题进行既在内容上相关，又在语言上循序渐进的多种技能——综合训练。在课堂上，教师根据学生的具体学习目的、学习心理和实际需求，选择教学材料和教学内容。这种方法灵活实用，真正因材施教。

第二节 英语教学游戏

游戏的英语意义是娱乐、消遣。此种生活行为或竞赛行为应用于语言教学是人的学习心理的需要。这种学习行为是语言教学中有组织的课堂活动，具有以下特点：（1）规定特定的任务或目的；（2）有一套规则；（3）参加游戏者彼此竞争；（4）参加游戏者进行口头或书面语言交际。我们按其四种特点，给英语课堂教学游戏定三条基本衡量标准：（1）能否激发学生的兴趣并使课堂教学多样化；（2）能否增强学生对英语知识的理解和记忆；（3）能否激发学生使用英语的动机。

按照游戏的特点和参考英语课堂教学游戏的基本标准，英语教师可依据教学内容和学生的英语运用能力，使用和自创英语课堂游戏，以丰富自己的教学方法，提高英语教学艺术，使学生学习英语的兴趣更浓。

国外和国内外语课堂教学中游戏的采用频率相当高，有关外语教学杂志上对语言教学游戏介绍了不少，种类繁多。我国教学法专家和广大英语教师非常提倡课堂教学中进行语言游戏活动，在使用中和创造中谈了许多心得和体会。大家共同认为，英语游戏在课堂教学中的运用对促进英语教学和提高学生的学习兴趣有极大的帮助。鉴于国内有关书籍和杂志已介绍很多英语课堂游戏，本节仅提供英语课堂猜测游戏，教师可在教学中使用，也可借以开拓思路，结合教学材料，去自创更科学、更艺术的英语课堂教学游戏。

猜测游戏是教学中广泛运用的活动，在英语入门阶段用猜测游戏来呈现新语言内容，不仅可以使学生处于积极、主动的状态，而且可以使语言输入直接进入加工。

猜测游戏可用于不同语言项目，适合于不同学习阶段。有时同一语言项目可采用不同的猜测游戏，有时同一猜测形式可用于不同语言项。总之，猜测是一项创造性劳动，需要教师灵活地运用语言材料，科学地把培养学生语言能力和学生生活实际形成结合点。把握这种观点，我们可以创造出更多行之有效的教学技巧。

第三节 音乐配合现代英语教学技巧

暗示教学法建立在生成语法理论的基础上，强调意识与无意识学习的统一，其最典型的特征是在教学过程中伴有背景音乐。暗示指的是教师或教学环境以不明显方式向学生发出信息，并产生无意识的反应，即用间接方式影响学习心理。在有意识领域里，学生注意语言；而在无意识领域，音乐背景暗示了学习是容易和愉快的，从而有意识和无意识形成整体，使学习效果提高成为可能。所以教师可以借助暗示法的基本原理，以音乐为背景配合英语教学，减少学生学习的心理压力，创造一种有利于学生学习的心理安全感，调节课堂气氛，提高教学成效。

一、音乐配合英语教学的运用

音乐配合英语教学的运用应遵循以下三条原则：

1. 音乐可能暗示的情景与语言教学材料内容的基本一致。

2. 音乐所暗示的思想内容应体现健康向上的精神。乐曲或明快活泼，或悠扬动听，配合语言情境，形成意境，触动情感。

3. 音乐的设置应恰到好处，运用音乐应符合教学的需要，不宜滥用。一般以形成教学高潮、激发学生的学习动机为标准。

根据以上原则，音乐配合英语教学的具体操作建议运用于以下教学环节和教学内容：

1. 课前欣赏。课前播放音乐片段，可使学生缓解学习疲劳，减轻学习心理压力，并能引起学生思维集中，较快投入课堂学习。

2. 课间运用。以在学生对小组活动和笔头练习中增设音乐为背景，可使学生大脑的左、右半球共同协作，进行逻辑思维和形象思维，提高练习效果。

3. 配合检测。对学生进行检测时，播放轻松优雅的音乐，既可减少学生因担心检测结果所引起的心理负担而放松投入，也可激发学生思维，产生联想，形成顿悟。

4. 课文教学中的运用。根据课文内容，选择适合于课文内容的音乐片段，可增加教学的艺术效果，使语言材料提供的意境和音乐暗示的意境达成统一，对学生理解和消化语言材料起较大的促进作用。音乐配合课文教学的步骤是：第一遍学生一边听，一边看着课文，注意语言结构；第二遍学生合上课本，注意听课文内容。教师的任务是在音乐背景下朗读或背诵新课文，教师声音的控制应与音乐的旋律产生和谐感。

5. 听力训练中的运用。听力训练中音乐配合的功效与以上提及的作用一样，但应注意的仍是音乐形成的意境与听力的内容相吻合。在听力材料的制作中可配以相适应的音乐片段，播放时，可引起学生极大的兴趣。

对比实验表明，单纯语言材料的听力测试和配有音乐的听力测试的理解正确率，后者偏高，且悬殊较大。

二、音乐配合英语教学的意义

1. 现代脑科学证实，大脑左半球的功能主要是语言和言语、计算和科学研究，侧重抽象思维；右半球的功能主要是音乐、绘画、舞蹈等艺术活动，空间知觉，发现暗示，想象和情感，侧重于形象思维。并进一步证实：两侧大脑半球的功能分化不是绝对的，它们既有分工，又密切协作。在语言学习中，左半球起理解语义和话语连贯的作用，右半球对语调的运用、音质的辨别、声音的频率、话语的情感因素起监控作用，二者结合起来人才能听出声音的细微变化，说出准确动听的话语。所以音乐在英语教学中的运用，对人脑左、右半球的共同协作起促进作用，从而提高英语学习的质量。

2. 音乐是人类情感的一种表达形式。自然界作用于人的心理活动，形成超越现实的意境，创造了环境与人的心理的协调和共振。音乐对激发人的情感及人格的建立造成影响。所以音乐能提高学生的学习兴趣，激发学习动机。用美的旋律、美的意境去配合英语教学，可以产生高尚的情操，形成积极向上的精神、好学的品质，促使人格升华。

音乐配合英语教学已被不少英语教师采用，收到了教学实效，但其效果还未被广大英语教师充分认识，未广泛运用于英语教学中。教师可在以后的教学中予以运用，以增强教学的艺术效果，提高教学成效。

第四节 多媒体与外语教学

多媒体教学技术运用以其强大的应用优势和迅猛发展的态势冲击着教育改革的进程，其在外语教学中的使用将大大促进外语教学的成效，引起了越来越多的外语教师的关注。了解、学会多媒体教学技术并进行应用，是教师必须建立的素质和外语教育发展的需要。

一、多媒体概念

多媒体技术集视、听、文字于一体，是 20 世纪 90 年代计算机技术的一个热点。多媒体系统的应用以其极强的渗透力迅速进入人类工作与生活的各个领域。多媒体是相对单媒体而言的。从字面意义看，它是通过多种信息媒体传输、处理信息的技术。在现实中，一般信息以下列形式存在：数据、文字、有声语、音响、图形、动画、图像（静态的照片和动态的电影、电视、录像）等。这些形式可归结为三种最基本的媒体——声、图、文。多媒体是通过软、硬件在计算机上实现这三种最基本要素的媒体，并由软件控制不同媒体，让人们从计算机上获得更多、更全面、更生动形象的信息。

多媒体技术已成为未来计算机的发展趋势。多媒体技术在教学中的应用不仅决定各学科的教学成效和未来发展，而且充当促进人类进步和科学发展的媒介。

二、多媒体外语教学

外语教学不仅是教师以学习策略建立学生所学语言的语音、词汇、语法的知识系统，而且培养学生对该语言的听、说、读、写的能力，发展学生的交际能力。现行的英语教材在设计和内容编排上强调培养学生运用语言的能力，在知识点安排上将功能意念和语法内容做了明、暗两条交融线的布局。一个优秀的多媒体外语辅助教学软件可在计算机上模拟外语环境，并附有生动的图像、解释，使学生在计算机上学习外语单词、语音、语法的同时，还能参与趣味性的情景训练。

三、多媒体外语教学的特点

1. 使用灵活，硬件可多次升级。电教设备种类多，功能单一，操作繁杂，使用效率低。而多媒体计算机只需一套，便使方法高度统一，用键盘或鼠标即可操作。当需要提高计算机性能时，一般只要更换微处理器、主机板，增加内存便可实现硬件升级。

2. 资源具有共享性。在计算机内，几乎所有形式的信息（文字、符号、图形、绘图、声音、幻灯片、二维照片、三维实体图、活动景象等）都统一为二进制数据。多媒体计算机是真正唯一能够将所有这些表现素材集中进行统一处理和重放的理想设备。

3. 管理方便。多媒体计算机多采用光盘和硬盘作为存储介质，小巧方便，容量大，读写速度快，查询检索管理功能强。

4. 耐用可靠，复制方便。当前，计算机技术已相当成熟，二进制数字产品读写失误极少，而且机械动作部件很少，较之录音、录像、幻灯、投影设备可靠性极佳，尤其复制效果好。如果在课堂学习中，学生未弄懂某项内容，教师可将自己设计的教程拷贝下来，供学生课后复习用。

5. 多媒体教学对师资综合素质提高起推动作用。进行多媒体教学，教师必须懂得计算机技术和操作，必须具备较高教育、教学理论水平，熟悉语言规律和外语教学规律，具有依据信息论、控制论理论进行程序设计的能力。

四、多媒体外语教学的类项应用

多媒体可运用于外语教学中各种类型的教学。教师可按语言理论、语言学习理论、学生培养方向、学生现有水平、学生的学习需要等，确立教学类项，进行软件设计和程序编制。以下列出一些类项应用，予以说明。

（一）发音程序

用一磁盘收录初中英语全部词汇 1300 多个，以教学大纲要求确立词汇义项，就义项增加反映学生实际生活的例句，并就单词、短语、例句辅以发声，学生可按标准音跟读。跟读后，计算机播放学生录音，并给出评判和改进意见，给出及时反馈，促使学生的言语行为从流畅过渡到准确。

（二）听力训练

设计者在程序编制中应考虑创造交互式语言环境的运用，以培养学生的听、说能力，按单词、短语、句子、语音判断其内容，设计填空、选择、连线、游戏等多种练习形式。题目应由浅入深、由易到难，结合生活、注入趣味，也可配以画面和音乐，让学生身临其境地学习语音、语调，进行听写、会话练习。

（三）教材学习

将教材配以图片，逐册逐课建立数据库，学生在菜单指导下，方便迅速地提取所需材料，进行听、朗读、查询和对话练习。

（四）交际能力训练

按各单元话题词，编制模拟交际情景程序输入软件，供学生课外提取，让学生进行替换练习、角色扮演、模拟对话等多项训练，发展学生交际能力。

（五）确立单元重点

对各单元涉及的英语表达法，各言语功能、语音、语法等知识点予以总结，同时附以解释性练习和语境、情境设置，编列程序，输入软件，供教师和学生课外查询使用。

（六）学习档案储存

将全体学生的学习情况和学生个体学习特征，按类别编成程序，按语音、语法、词汇量的掌握情况分类，按听、说、读、写能力趋向分类，按语用、语言交际能力分类，按学生学习心理迹象（思维型、表现型）分类，按学生学习效果分类，建立网络。这种设计的目的，一是提醒学生在学习中掌握方向和注意能力反应的偏差；二是便于教师掌握学生的学习情况，进行教学研究，改进教学方法，发展教学技能。

五、基于多媒体外语教学的一些方法

（一）基于多媒体课件的拓展阅读教学策略

阅读能力的获得和发展是以大量的阅读为基础的。因此，要培养学生的阅读能力，必须为他们提供不同题材和体裁的、多样化的阅读材料，多媒体网络给学生提供了比课本更生动、更真实、更丰富的资源，因而能够更好地适应学生的个体差异，更容易激发学生的学习兴趣和在学习过程中的主动性与积极性，触发学生的想象力，培养学生观察事物的能力和思维表达能力。

由于大学阶段的英语教学都是单元主题式的教学，因此，为学生提供的阅读材料应该尽可能是与单元主题相关的资源。网络上虽然有着丰富的资源，但这些资源并不完全适合大学生的阅读水平和阅读兴趣，需要教师根据学生已有的英语水平进行一定的选择和加工，这样才能更有助于学生的学习。因此，教师可以根据单元主题的内容，从网上搜索下载和教学主题相关的多篇难度水平不同的、图文并茂的阅读材料，以网页形式加以组织。在教材学习的基础上，教师为学生提供大量拓展阅读的材料，扩大学生信息的输入量，提高他们的阅读能力。阅读材料的选择应该注意阅读材料和课文主题的相关性、趣味性和可读性等几个因素。

在利用多媒体课件进行阅读教学时，为了促进学生对阅读材料的深加工，教师可以在学生阅读前提出若干个针对阅读材料的问题或任务，将学生分成几个小组，共同协作完成阅读任务。需要注意的是，在阅读教学中，为学生提供一定的工具支持很重要，如对某些难词加注释或说明、为学生提供电子工具的支持，可以帮助学生消除阅读中的生词障碍，使阅读顺利进行。

（二）创建英语学习专题网站策略

对于高校学生，设计和制作英语主题网页是一种不仅可以锻炼学生的英语读写能力，而且可以提高学生综合素质的一种有效的整合教学策略。教师可以在学完某一主题内容后，为学生设计若干板块和任务，将学生分成小组，每一小组协作完成一个板块，要求学生最后将任务结果或电子作品以网页的形式组织起来，建立专题学习网站。为了完成任务，学生需要上网搜集、阅读大量的英语材料，并对这些材料进行一定的筛选、加工和编辑，对有些材料需要用英语加以一定的注释和说明，最后通过美术设计，形成精美的网页，不同小组将自己的作品整合在一起，就形成了一个内容丰富的英文专题网站。在制作和完成网站的过程中，学生的英语读写能力、协作学习能力以及信息技术技能得到了有效的锻炼和提高。

六、微格教学与教师培训

微格教学是一种新型的培训师范生和教师进修课堂教学技能的教学方法。微格教学又译为微型教学、小型教学或录像反馈教学。微格教学作为一种简化了的教学模式，对师范生及在职教师课堂教学技能的训练产生了良好的效果，对教师的师范素质及课堂教学能力的培养、提高产生了良好的效果。

微格教学理论提出，对教学行为要有分析和反馈，以便增强培训效果；对教学技能要有系统和科学的分类，以便明确培训目的和进行评价；通过对各种技能的训练，综合成各种风格的生动教学。微格教学在发展过程中，吸收了许多新的教育思想和方法，使它不断系统化并日臻完善。

微格教学法是一种使被培训者认识课堂教学过程的方法，它开始于对教学过程的感性认知（示范），经过理性认识（技能应用的原则、范围、功能），再综合应用到实践（教学）之中。从整体上看，这种方法符合人类认识事物的规律。根据认识理论的规律，微格教学家又把微格教学大致分为观察和训练、反馈和评估。

微格教学培训为培训者提供各种风格的教学示范，辅以对各种教学技能的说明，使他们能获得直观的感受，有了模仿的样板。示范是对重要事实、观念、过程的一种形象化的解释，是通过实际操作、录像、幻灯、投影、电影等进行演示，说明某教学步骤是怎样进行的，以便让被培训者学会应该怎样去做。许多实验已表明，视、听觉并用的方法能使信息接受者获得最大信息量，比只用语言描述的方法有效得多。

通过反馈能使被培训者尽快达到培训目的。微格教学采用现代视听设备，为培训者提供有关自己教学行为的及时反馈，使他们能及时地获得强化和调整。

微格教学在评价被培训者教学行为方面，遵循了现代心理与教育测量的评价理论。微格教学根据有关学习和教学行为按目标分类制定标准，明确某一教学技能的功能、目的和定义。被培训者选择技能进行训练，然后对形成技能的一系列行为进行评价。评价的目的不是给被培训者的教学行为打分，而是向被培训者指出哪些地方仍需改进。这种评价和反馈能够明确被培训者的改进方向，可执行性很强。

微格教学的最大特点是将综合的技能加以分解。教师的课堂教学是对各种教学技能的综合运用，而微格教学则是将综合的技能根据培训需要分解为若干单项技能。对综合技能加以分解，并按班级大小、课程长度和教学复杂程度加以增减，避免了信息量超负荷情况的出现，从而使教学技能成为可以模仿的、可以培训的、易于掌握的行为。这是一种先分解、后综合，从而达到有效地全面培训教学技能的教学方法。微格教学由于运用了现代化设备，因而能及时感知反馈信息和进行评估，以调整和改进教学技能和教学方法。

从培训的实际操作来看，微格教学的程序大致可依下列四个步骤进行：学习微格理论，观摩微格录像；编制微格教案，确定培训技能，实施技能的微格分解；微格教学实践（录像）；评估反馈、修改教案及技能的改讲与调整。

根据培训需要和教师课堂教学技能设计原则，微格课堂教学技能大致可以分解为十种基本技能，即：导入、启动并演示（展示及例证），说明，启发学生参与讨论、分析问题，组织、调控学生课堂活动，提问及解答，使用电教多媒体，教学语言，板书、板画与黑板设计等技能。

微格教学的进行，一般需要组成微型课堂（即微格课堂）。微格课堂由扮演教师的角色（培训教师）、扮演学生的角色（由被培训者的同学、同事或真实的学生来担当）、教学评估人员（被培训者的同学、同事或指导教师担任）和录像设备操作人员组成。在微格课堂上，一般上一节课的一部分，或训练一两种技能，所用的时间一般为 5 ~ 15 分钟。

操作建议：微格教学是一种行之有效的师资培训形式，是投资少、见效快的培训手段，是继续教育中师资培训工作的重要环节，应引起足够的重视和采取具体可行的措施。各培训点应根据本地区外语教育、教学发展方向，师资现状，接受培训的教师的实际情况，培训中的既有条件以及外语教育、教学的理论、原则和操作要求等，扎扎实实地进行此项工作的操作，确保整个培训工作落到实处，保证培训质量。建议工作程序如下：

（1）组织参训教师复习外语教育、教学的有关理论和理解微格教学的理论和意义。

（2）观看国内外优秀外语教学录像（经剪辑），对教学录像予以评价并提示参照点。

（3）根据培训点的实际情况，设计工作计划，提出训练构想和突击项目。

（4）根据培训计划和应解决的问题，有目的地选择参训教师中操作优秀者，指定教学内容，并予以指导，进行示范性教学，课后及时进行分析评价。

（5）确定培训技能项目，提出操作要求，组织全体学员按顺序进行示范、录音、录像或笔头记录，并逐一进行简要评价。

（6）对薄弱学员的薄弱环节进行专项个别辅导，要求再行准备，再上课演示，直到见明显实效为止。

（7）对微格教学培训的各项情况进行分析，写出专项总结，并肯定全体学员取得的进展和提出存在的问题，并提出进一步发展的具体要求。

（8）呈交总结材料，供培训组织部门参考。

参考文献

[1] 何广铿 . 英语教学研究方法 [M]. 广州：广东高等教育出版社，2009：6.

[2] 鲁子问，康淑敏 . 英语教学方法与策略 [M]. 上海：华东师范大学出版社，2008：7.

[3] 桂诗春 . 应用语言学与中国英语教学 [M]. 济南：山东教育出版社，1988：11.

[4] 首都师范大学大学英语教研部 . 大学英语教学与研究 [M]. 北京：首都师范大学出版社，2004：05.

[5] 高明乐，梁清 . 英语教学：理论与实践 [M]. 北京：北京语言大学出版社，2013：01.

[6] 朱宏华 . 英语教学的模糊理论研究 [M]. 北京：中国科学技术出版社，2008：1.

[7] 林克难 . 大学英语教学策略研究 [M]. 天津：天津科学技术出版社，2006：8.

[8] 田式国 . 英语教学理论与实践 [M]. 北京：高等教育出版社，2001：06.

[9] 潘洞庭 . 英语名词的文化蕴涵及其应用研究 [M]. 上海：上海交通大学出版社，2011：11.

[10] 朱家科 . 大学英语教学中的文化教学 [M]. 武汉：华中科技大学出版社，2009：07.

[11] 沈银珍 . 多元文化与当代英语教学 [M]. 杭州：浙江大学出版社，2006：03.

[12] 郑金洲 . 多元文化教育 [M]. 天津：天津教育出版社，2004：3–1.

[13] 孟凡丽 . 多元文化背景中地方课程开发研究 [M]. 北京：中国社会科学

出版社，2008：11.
[14] 马玉萍 . 多元文化背景下的当代英语教学探究 [M]. 长春：吉林大学出版社，2014：07.
[15] 牛道生 . 英语的全球化及其对世界的影响 [M]. 北京：北京大学出版社，2013：06.
[16] 陈雪芬 . 中国英语教育变迁研究 [M]. 杭州：浙江大学出版社，2011：03.
[17] 顾嘉祖 . 跨文化交际：外国语言文学中的隐蔽文化 [M]. 南京：南京师范大学出版社，2000.5.
[18] 李萌涛，吴敏，邵敏勇 . 利用多媒体技术促进大学英语听说教学 . 外语界 2002:05.
[19] 戚雨村 . 现代语言学的特点和发展趋势 [M]. 上海：上海外语教育出版社，1997.
[20] 罗芳春 . 高校称呼语中的权势与等同 [J]. 牡丹江大学学报，2012（2）：57.
[21] 谢明 . 从文化视角看汉英称呼语 [J] 昆明师范高等专科学校学报，1999（3）：78–80.
[22] 王鲁男，二语教学中的文化关注英汉语中的称呼 [J]. 四川外语学院学报，2004（6）：151.
[23] 毕继万 . 跨文化非语言交际 [M]. 北京：外语教学与研究出版社，1999.
[24] 毕继万 . 礼貌的文化特性研究 . 世界汉语教学，1996：01.
[25] 陈申 . 语言文化教学策略研究 [M]. 北京：北京语言文化大学出版社，2001.
[26] 程裕祯 . 中国文化要略 [M]. 北京：外语教学与研究出版社，1998.